擊敗渣男！

這樣可以告嗎？

專業律師教的恐怖情人反擊法

吳孟玲 律師——著

推薦序——

有一種朋友，平常不常聯絡，頂多就是Line交換個笑話或貼圖，但你們彼此都知道對方就是在你心中，有好消息、壞消息一定分享，有需要幫忙或支援絕對兩肋插刀，孟玲就是這種朋友。跟孟玲、李達從18歲時就認識，一群死黨在台大總區跟法學院結群成黨、呼來喚去地過了酸甜苦辣的四年，他們倆的交往就在我們朋友的見證下開花結果，我還是他們的伴娘呢（能找到比新郎還要黑的伴娘算他們倆運氣好）！這麼深厚的好交情，孟玲要出書我怎麼能不參一腳呢？以孟玲的好人緣，這麼沒名氣的我能在她眾多朋友中被她欽點來寫推薦序，應該靠的就是老交情囉，謝謝孟玲給我這個機會啦！

收到這本書的初稿，打開前言開始閱讀後就停不下來，一口氣把整本書看完！主要是書中針對渣男的「分類體系」太經典，再加上看了盡是令人心疼的實際案例，以及讀起來輕鬆易懂的「孟玲律師的法律諮詢室」，都讓讀者一開始閱讀就不想停下來。書中所提到的渣男，不是八點檔連續劇中的男主角，而是日常生活中就會遇到的人；同樣，書中所提到那些遇人不淑的女生，也不是電視劇中的女演員，而是我們的朋友跟親戚。我在大學教了二十幾年的書，不論是大學部或研究所的女同學，都曾跟我哭訴遇到不同類型的渣男所受到的傷害或苦痛，要是孟玲的這本書早一點出版，我就可以將這本書送給這些女同學，提醒她們如何保護自己、如果遠離渣男了！

我們法律人往往認為法律是最重要的（其實法律真的很重要），但社會各界要不認為法律管太多、就是覺得法律不夠多！以現實面來看，法律就是處理問題的諸多手段之一，至於法律所能扮演的角色大小與功能多寡，則要看問題的本質而定了。在涉及「情感」這一塊，法律真的是很關鍵的一道防線，孟玲的這本書替許多不幸遇到渣男（或渣女）的讀者，提供了相當簡易、容易理解的法律諮詢；更重要的是，身為「暖女」女神的孟玲，也不時從心理諮商的層面提點一時被感情蒙蔽了理性的女性們，多愛自己一點，同時也不要忘了保護自己。

拉拉雜雜的說到這裡，重點只有一句：這真的是一本非常值得推薦的書！不是因為作者是我的麻吉，而是因為書中所提供的資訊都是非常實用的，希望讀過這本書的人都可以在最大的範圍內降低渣男（渣女）對你／你所造成的傷害，也都可以一輩子遠離渣男（或渣女）！

政大國際經營與貿易學系教授／吳孟玲大律師的換帖姐妹
施文真

目次／

推薦序……2
前言——渣男無所不在……8

Chpater 1 花心渣男
喜歡曖昧不願公開……16
時常放電不願專一……27
喜歡留情滿口謊言……38
滿腦性愛不要責任……50

Chpater 2 軟爛渣男
只要自由不要負責……64
漫無目標尋找刺激……77
想當王爺一事無成……88
愛是結晶不是結石……100

Chpater 3
媽寶渣男

從戀愛起媽媽介入……114
嫁娶全由媽媽決定……126
老婆是婆婆眼中釘……138
怎樣都是別人的錯……148

Chpater 4
霸道渣男

沒安全感時時監控……162
我想要怎樣就怎樣……174
我愛你就要得到你……185
離婚後仍全面掌控……197

Chpater 5
恐怖渣男

愛我就疼不愛就殺……212
你怎麼可以不愛我……224
音速變臉戲劇人格……236
就要你不能離開我……247

結論——
對渣男只有斷捨離……258

前言——渣男無所不在

身為婚姻律師，沒聽過上萬也有好幾千件的關係故事，若將每個辛苦的故事歸納起來，就是篇篇渣男（女）現形記。

這麼多關係傷害事件裡，有時是有問題的某方傷害了另一方，有時是有問題的雙方彼此互相傷害，而這些「有問題者」最大宗的就是我們所說的「渣男（女）」。因為我大多都是跟女性一起工作，所以設定「渣男」作為討論對象。

「渣男」這個字眼大家耳熟能詳，琅琅上口，但究竟什麼是「渣男」

呢？網路上對於「渣男」的定義，是指對伴侶不專一，容易朝三暮四，對待感情不認真，不負責任，有時間就搞曖昧的男人。通常這些人的特徵，包含喜歡有性無愛，大男人，自我中心，情緒管理能力差，滿口謊言，整天怪罪別人，會動手打女人，可以同甘卻無法共苦，性格飄忽，不斷出軌等。但就我的觀察，不管哪種「渣男」，追根究柢就是「超級以自我為中心」，從這衍生出所有的問題。

書中將「渣男」分成五類，「花心渣男」、「軟爛渣男」、「媽寶渣男」、「霸道渣男」和「恐怖渣男」。每種渣男都有他不同的性格：「花心渣男」大概就是愛在情感上搞曖昧，處處留情，卻不負責任。「軟爛渣男」則是只要情愛，只要自由，想當大爺卻一事無成。至於「媽寶渣男」的特性就是從戀愛開始到結婚後全部都由媽媽來協助，是個養不大的巨嬰。「霸道渣男」就是超級沒有安全感，想要對你進行全面監控。最後的「恐怖渣男」

則是我們熟知的恐怖情人，有著如川劇變臉一般的戲劇性人格，得不到你就要毀掉你。

其實「渣男」在一般生活或職場上，不見得是那種十惡不赦的大壞人，反而有著讓人欽羨的三高條件（身材、學問和資歷都高），就是人品或性格出了問題，至於是天生就渣還是後來被渣化，一直有人在討論。但我想，重點不在這是天生或後天，先天又如何？不可能因為先天渣，就合理化他對別人的所有傷害。後天又怎樣？難道因為後天環境使然，而讓渣男合理化自己也是環境受害者嗎？不是的，渣就是渣，你應該要讓自己退到礦物群裡去修煉，而不是進到關係裡來傷人也害己。

這本書並不是「渣男養成日記」，而是如何避免踩到「渣男地雷」，因此書中幫助大家整理各樣渣男可能會有的外顯態樣，有助於大家在情感路上趨吉避凶。

我是家事律師，因此本書的另一個重點「孟玲律師的法律諮詢室」則是透過這些在渣男地雷受傷的案例，不只情感上需要療傷，還有許多法律相關議題會衍生出來，例如《親屬法》以及《家庭暴力防治法》等，將這些相關的法律條文和解釋進行整理，讓大家可以從書中 get 到一些對付渣男的武功小祕笈。

但無論如何，最重要的就是協助大家若不慎踩到渣男地雷，在尚未粉身碎骨之前，能夠有斷捨離的勇氣和智慧。千萬不要妄想靠你那無比的愛讓渣男進化成好男。面對渣男，我認為「不甘願」只會讓你傷更重，因此本書中，我也撰寫關於如何面對渣男的斷捨離。

這社會渣男無所不在，就像細菌病毒的概念一樣。重點不是要消滅病毒和細菌，而是要讓自己有好的免疫力和抵抗力；因此面對渣男，第一步就是「保持社交距離」，不要隨性愛跳黏巴達。第二步是「提高自己免疫力」，第三步則是「遇到狀況就要篩檢和治療」，聆聽心裡的警鐘，一旦發現不對勁，千萬不要自欺欺人，務必要對外求援。

親愛的，渣男無所不在已經有流感化的趨勢，想要認清哪些是渣男，讓自己不再受他們的吸引，也不再吸引他們，唯有讓你的防禦力提升，就是自己先成為一個真正愛自己，也相信自己配得一份尊重你愛的人。

親愛的，你配得幸福，更配得愛喔！

13 | 渣男無所不在

1

花心渣男

- ✓ 喜歡曖昧不願公開
- ✓ 時常放電不願專一
- ✓ 喜歡留情滿口謊言
- ✓ 滿腦性愛不要責任

喜歡曖昧／不願公開

電話的一端，「孟玲律師，我要跟你約時間。」

「我被告了……」長長的會議桌上躺著一疊紙，我打開最上方的信封，是法院來的傳票，上頭寫著「損害賠償」。訴狀的內容洋洋灑灑地寫了許多張紙，這是一起「侵害配偶權」的損害賠償民事訴訟案件。

「一開始我真的不知道他還有婚姻存在。」「後來我問他，他說他一直在處理離婚，但對方不肯，所以……」，平時相當幹練的女強人，現在宛如小孩一樣地無助。

面對這訴訟案，首先，我要確定她跟男方的互動情況以及原告（元配）手上所握有的證據是什麼？

「你們有住在一起嗎？」，她說：「之前沒有，但兩年多前，他跟我說他和家人鬧翻了，就搬來跟我住，但不是每天來，一周大概三四天而已。」

我又問她，「這期間你都沒有懷疑過他有沒有結婚嗎？你也沒有看過他的身分證嗎？」她說，「律師，我們一開始交往的時候，我有聽他說過他曾經結過婚但已經離婚了，他也給我看過離婚協議書，我才有意願做更進一步的交往，哪裡知道這樣也會陰溝裡翻船。」

開第一次調解庭時，原告（元配）和律師坐在對面，她冷冷地說，「你一定會說你不知道他還有婚姻，對不對？」「你一定會說他給你看過離婚協議書對不對？」……「你可以問他（男方），這是不是我第一次告他和他的女朋友？」男方從頭到尾低頭不語……元配說，「兩年前我也告過他和之前的女朋友通姦和民事損害賠償，你是幸運的，剛好通姦除罪化，否則我也會告你們通姦。」

我終於明白，原來我這位妹子不是陰溝裡翻船，而是遇到渣男了，一個愛玩沒擔當，卻讓這幾個曾經或現在愛他的女人在法院裡難堪著。

雙方在調解庭裡因著委員的居中協調且雙方均願意各退一步，最終結果以一個「輕輕放下」的金額達成和解。

與她道別時，看著她離去的身影，我不確定他們回去後是否真能從此分開還是仍歹戲拖棚。這麼聰明能幹的女子，事事精明，朋友們甚至認為她是女版偵探柯南，卻在自己的感情裡糊塗，抑或不是不知情，而是奈何感情早已放入，不願放手，心有不甘罷了。

⚖ 孟玲律師的法律諮詢室

在面對當事人被告「侵害配偶權」的民事訴訟部分，我通常會先確認幾件事：

①究竟有無「侵害配偶權」的具體事情發生？

②對方的婚姻關係是否確實存在？原告是否為名符其實的配偶？

③被告有無可能毫不知情？

通姦除罪化後，越來越多外遇案件，就是以民事訴訟法中「侵害配偶權的損害賠償請求」案件來處理：

①首先，配偶權的定義是，夫妻之間「配偶權」所規範的身分、權利跟義務，包含住所決定權、相互扶養權、同居義務及忠實義務等，在婚姻中的任一方對於此婚姻關係有絕對忠誠之義務。所以當婚姻關係裡的一方與他人做出超越婚姻忠誠界線的關係時，便符合《民法》中侵害配偶權的定義。至於什麼是忠誠界線，目前司法實務上認為社會一般通念所能容忍之範圍，且達到破壞他人婚姻共同生活的圓滿安全及幸福的程度，元配可以《民法》第一九五條提出「侵害配偶權」的損害賠償請求。

②依照《民法》第一九五條所述：「不法侵害他人的身體、健康、名譽、自由、信用、隱私、貞操，或不法侵害其他人格法益而情節重大

者，被害人雖非財產上之損害，亦得請求賠償相當之金額。」侵害配偶權就是屬於這法條裡要保護的權利。

③元配若有證據證明配偶和小三或小王的不正常交往關係，就可以引用《民法》一九五條向他們請求精神損失賠償，為自己的婚姻爭一口氣。

④在這裡要提醒大家一個很重要的關鍵就是——時效。《民法》第一九七條第1項提到：如果發現配偶和他人有侵害配偶權的行為，元配必須從知道這件事當天起算的2年內提出損害賠償請求。

什麼是「侵害配偶權」的具體事證？

一般認為，「侵害配偶權」會成立的具體事證，大概就是約會擁抱，摟肩親吻、一起泡湯住宿、一起出國同遊同宿、一起上賓館摩鐵、互傳自拍的裸照或者情欲影片、彼此猥褻、發生性關係、同居的證據等，這些都是目前司法實務上認為是侵害配偶權的具體情形。至於「同居」並不是要一周七日天天住在一起，一周三四天的居住，實務上就被認定有同居事實。

關於侵害配偶權，還要看被告有沒有可能處於「不知情」的狀況？

就此，除非男生（假設外遇的是老公）身分證後面的配偶欄是空白的（例如對方用各樣方式將原本配偶欄變成空白）以外，否則外遇小三抗辯的「不知情」，時常是「一開始交往的時候，我真的不知道他還有婚姻存在，直到感情投進去之後才知道，那時已經無法回頭了」。

就本次案件來說，當事人聲稱，「其實當你問我，到底有沒有懷疑過他有婚姻，說真的，我懷疑過，為什麼?就單純是女人的第六感，但因為我已經放下感情了，並且他一直跟我說，他會去解決」。這種說法就會被認定是「知情」。

關於外遇的男性曾經拿離婚協議書給當事人看，又是怎麼一回事呢？

至於本件中外遇的男性曾經拿離婚協議書給小三看，讓小三誤以為夫妻倆已經離婚，這有兩個可能，第一，離婚協議書有可能是假的（不少外遇者為了要安慰家外頭的那一位，會拿空白的離婚協議書，甚至偽造簽名，讓外遇對象信以為真）；但也有另一種可能就是，夫妻二人雖然簽署了協議書卻沒有辦理離婚登記

① 離婚屬於「兩願離婚」，即雙方必須均在離婚協議書上簽名，並有二人以上的證人簽名，然後兩人一起到戶政事務所辦理離婚登記，婚姻要直到前往戶政事務所辦理完離婚登記才告一段落。只要沒有到戶政事務所辦理離婚登記，就算簽了一百張離婚協議書，法律上也無法認

定兩人已經離婚了。

②再者，就離婚協議書的真實與否是需要查證的，曾經碰到一個案件，其中一方偽造對方簽名，為的就是要欺騙其他人。還有一點很重要，就是兩人雖然簽了離婚協議書，但之後有一方突然反悔不願意前往戶政事務所辦理離婚，這就形成「假離婚」。總之，沒有到戶政事務所辦理離婚登記，這婚姻就是存在。

避踩渣男地雷

現在踩到渣男地雷排行榜的榜首應當可屬「不小心愛上有婦之夫」。為何會不小心，因為很多時候一開始根本不知道對方尚有婚姻；怎麼會不知道呢？有時候是對方從來未曾提起，有時是對方欺騙你夫妻二人已經分開了。

處處留情的渣男，說真的，很多都是「離家的已婚男子」。他們通常會用些技倆，以前會隱晦地說自己單身；但現在，越來越多人說自己「失婚」，甚至不避諱地跟人說他在婚姻裡所受的各樣折磨：像元配如何的凶神惡煞，自己又是如何的受害，然後表明雙方已經分開，至於有無完成離婚程序均會含糊帶過。如果你持續追問，他就會告訴你，「他一直都在辦理離婚，但是對方獅子大開口，不願意放手」。

親愛的姊妹們，你和對方現在的關係已經複雜地超過想像了，如果可以，真的要請你「停看聽」：

① 怎樣「停」？就是在你開始對另外一人有好感時，請先踩煞車，讓自己冷靜一下。情欲會讓自己鬼遮眼，所以最好給自己一周的冷靜期，好好地用各種你能做到的方法去查一查，查清楚對方的婚姻關係究竟

如何。這才是現代交往中最基本、也是最重要的。

② 怎樣「看」？不只是查看他的社群媒體，更要用智慧去詢問他的友人，任何一件有關於他的事情。或許有人會說，這樣查探他人隱私不好吧，但我要說，基本上若對方是個有誠意的人，必然會跟你坦白，倘若他因此動怒說你不信任他，以我執業多年的經驗判斷，有很大的風險表明：他就是一個渣男。

③ 怎樣「聽」？面對這樣的渣男，只要你會聽他提到「前妻」，請務必先暫時轉換成「準前妻」的思考模式，也就是他或許還未走完離婚程序。因此，請務必要看到戶籍謄本上有註記「某年某月某日與ＸＸＸ離婚」，否則就算他們已經分居二十年，人家仍舊是「元配」，你仍舊是「小三」，你就只是在幫忙照顧渣男而已。

「停看聽」真的是避踩渣男地雷第一個要練的基本功，絕對不容忽視。

時常放電／不願專一

「吳律師，我要跟你約時間，
不是談公司的事情，是談我個人私事。」

接到一位老闆娘的電話，聽到這，我心裡有個譜，立馬給對方一個最快可以約談的時間。「我們結婚三十幾年，公司是我們兩個從無到有建立起來的，當初他騙我說要到大陸投資，需要假離婚，但這些年他回台灣，我們還是住在一起，公司所有的一切都還是我在張羅……。最近我發現他有外遇不回家，我找人去抓姦，竟然被對方嗆說，我又不是他老婆，……」老闆娘原本以為自己處理的是「家務事」，抓姦自己老公外遇，卻沒想到原來她老公是「假離婚真外遇」，而且自己早已不再是「元配」了，所以前來詢問該如何處理婚姻等事情。

當事人說，很多親友都可以證明，當時大家都說好「這是假的」，且假離婚這點子還是親友提供的呢！她將當時雙方的對話紀錄，以及當時在離婚協議書上蓋章的證人（根本就是夫妻兩人請他們直接蓋章，完全沒有看過協議書的內容，也沒參與過任何離婚協議過程）。另外還有其他親友也可以作證：當時的確是因要去大陸經商才辦的假離婚，這幾年裡所有匯款的指示上，對方仍稱呼自己「老婆」，大家也一同居住，並且……。當事人希望我幫她評估，若是這樣的情況下，打「確認婚姻關係有效（離婚無效）」的成功機率是多少。我給了一個專業的分析，甚至提醒她可能會因為提供假的文件給戶政單位人員做離婚登記，而違反《刑法》「使公務員登載不實」罪。

由於夫妻二人事業群多，財產和負債情況也很複雜，原本以為在分析和建議之後，她會直接開始進行挽救婚姻大作戰；沒想到，她沉默好久說：「律師，其實現在的我好混亂，看著他的無情，回想我這三十年來的犧牲和付出，覺得很不值得，我在想，是否還要撐下去？突然我也想放棄這婚姻了，我想找回我自己，做回我自己……，但又覺得不甘心就這樣放棄這一切，我該怎麼辦？」

望著這個被渣男丈夫「假離婚真外遇」的女人，現下我無法給她更多的建議，只能跟她說，「離婚無法幫助你找回自己或做回自己，但或許你可以在這過程中回顧一下，你的『自己』究竟遺落在哪裡，或者你的『自己』從哪時候開始變形，甚至如何變形。」接著，我又淡淡的問她，「究竟你所謂的『自己』，是遺失在婚姻裡？還是從一開始就根本沒有帶進婚姻中？」

⚖ 孟玲律師的法律諮詢室

在這案例中，一定會有人問為什麼離婚還有假的呢？究竟什麼叫做「假離婚」？

① 「離婚」照理說，如果是判決離婚，應該沒有所謂的真假，一般有假離婚的情形，都是發生在協議離婚的狀況下。

② 《民法》第一〇五〇條規定，兩願離婚應以書面為之，且有二人以上證人的簽名，並到戶政機關作離婚登記。協議離婚要件在於「書面」（離婚協議書）、「兩名證人簽名」，以及「一起至戶政單位辦理離婚登記」。

③ 「假離婚」應該是指在協議離婚的情形下，雙方並沒有離婚的真意，卻因為種種原因（例如躲避債務或者為了取得單身證明等），假裝製作離婚協議書，並進行離婚登記。

在處理「原本是假離婚卻真的離婚」的案件中，我們通常處理的重點是在：㈠當時離婚處理有無瑕疵；㈡透過證據來檢視當時雙方有無離婚的真正意思。

㈠就當時離婚處理狀況有無瑕疵？

我向她說明協議離婚的要件，「……，至於你說這是假的，那要看你有什麼證據可以證明」。我問她當時為何想要離婚？以及離婚證人是如何找的？他們有沒有當場看見或聽見你們確實沒有離婚的真正意願？因為通常在處理「假離婚」的案件時，第一個解套就是從證人是否有當場看見或聽見來著手。

她說「當時老公要去大陸投資，必須要辦單身證明，因此需要假離婚，兩個證人都是我的親友，他們可以證明這一切都是假的」。

㈡當時雙方有無離婚的真正意願？

除了從證人的部分著手，我們也會從當時雙方有無「對於真正確實要離婚這個意思一致」來處理，是「當時」而非「後來」哦，因為很多「假離婚」在一開始時，雙方都認定是假的，但之後，卻經常有某一方假戲真做，把自己當作單身的自由人。

她把當時雙方的對話紀錄（老公告訴她假離婚，甚至指示她要如何辦理），以及這幾年當中所有匯款的指示上面還是稱呼她「老婆」，然後大家仍舊一起居住，這幾年全家出國旅遊的照片……幾乎是整理了滿滿一大本，就是要跟我證明他們就是夫妻，這離婚是假的。

我幫她分析打確認婚姻關係有效（離婚無效）的可能，亦提醒她可能因為將假的文件給戶政單位人員做離婚登記，可能會有違反《刑法》

「使公務員登載不實」罪的事情。

一般假離婚後，若有一方乾脆假戲真做，另外與他人交往或結婚，是否沒有解套的方法？

①因為真假這件事情很主觀，主觀的部分很難證明，因此一般法院認定的「假離婚」，我們通常是由證人部分去解套，亦即《民法》第一〇五〇條中所提到的「證人」。雖然目前司法實務見解認定不限於協議離婚時在場的人，但仍必須要符合親眼看見或親眼聽見雙方當事人確實有離婚真實意願的條件。因此證人需要親眼或親耳見聞雙方對於離婚以及離婚協議書的內容均表示同意後，並在上面簽名，這樣才符合法律上所謂的見證，否則法院通常會以離婚協議書上簽名的證人不符合當場見聞的要件為理由，而認為離婚無效，婚姻仍屬成立。因此本件若要確認婚姻關係依舊有效，就需要從證人是否僅是提供印

章，並沒有當場知悉雙方離婚的真意和條件這個方向去主張及舉證。

②如果當時是找離婚代辦人員來協助，他們通常會當場問雙方是否有離婚的意願。若雙方當時回答「是」，這時要證明此離婚是假的，難度就會增加許多，除非有雙方在離婚前所有的對話紀錄可以證明，接著再因離婚後雙方仍舊共同居住，並且稱謂仍是老公老婆此事實，才比較有可能讓法官認為離婚是假的，而判決婚姻關係仍舊有效。

⁘ 避踩渣男地雷

30年這段漫長的歲月讓當時的如意郎君變成渣男。她一直問我究竟她老公是有意騙她假離婚，還是到大陸之後才變心的。對於這個問題，說真的我無法回答，因為我不知道她是嫁給一個天生就渣的人，還是嫁給一個經過漫長歲月漸漸「渣化」的人。

不管他是先天的「渣男」還是後天的，他的渣在於，他想要腳踏兩條船；他希望元配繼續在台灣幫他將事業和家同時管理好、打理好，但他也想要新的家；他說兩個人他都愛，所以兩個人都給名分。

我處理過不少類似的案件，時常有當事人問我，到底要不要、該不該搶救這段婚姻或搶回這個渣男。說真的，我無法給予任何建議，只會問：離婚了然後呢？或不離婚然後呢？因為離不離都不見得能幫助你離苦得樂，唯有你能找回自己和做自己。

如果這個「自己」遺失在婚姻裡，或許處理好婚姻會是找回自己的方法；但如果根本沒有把自己帶入婚姻，也就是在婚姻中，根本沒有把「自己」交給對方過，那麼即使處理完婚姻仍無法找回自己，因為自己一直都在婚姻之外。

就在我這樣跟她說的時候，我望著她那雙空洞的眼神裡有著深邃的哀怨，我心疼地問她：「親愛的，你的『自己』究竟被放在哪裡？」她哭了，搖頭回答說：「我自己也不知道究竟把『自己』遺落在哪裡……。」

想要找回自己不能靠離婚，想要真正做回自己也不能憑著離婚，反而是透過婚姻中的問題來檢視讓自己覺得困難的點是什麼。透過這面困難的鏡子，檢視自己現在戴上什麼面具，然後一個一個地將面具摘下來，最後就可以找回你被造的起初美好樣式。

她抬起哭花的臉，對我說：「是的，離婚沒辦法幫我找到自己，但我決定要開始摘掉別人希望我戴上的面具，脫掉別人期待的戲服，找回自己，做自己」。雖然最後她仍為保衛婚姻而戰（確認婚姻關係成立的訴訟），但我知道這一仗，她不是想要演出「完美婚姻」這齣戲，而是因為知道自己是誰，想要在婚姻裡學習如何扮演健康的自己，更是為了要活出真實的自我，以及對真實的婚姻有盼望而努力。

親愛的，遇見渣男是人生的一個地雷，也是一個災難，但究竟是粉身碎骨？還是浴火重生？端賴你踩在地雷上的那只腳如何選擇繼續踩下一步。

喜歡留情／滿口謊言

「律師，我跟人起衝突，被告了，請你幫幫我！」

當事人在路上撞見老公與小三在一起，便在街邊上演起全武行。她被對方告傷害和妨害名譽，對方則被她提告通姦（尚未除罪化之前）。

十幾年前，當事人和老公先有後婚，僅是舉辦個簡單的婚禮，便開始在家安胎，尚未辦理結婚登記。那時心想，法律規定：只要有公開儀式，婚姻就屬實了；乾脆等孩子生下來要入戶籍時，讓老公順道連結婚登記一起辦理即可。原本是基於相信和信任，沒想到接下來的日子，一個忙事業，一個忙著照顧小孩和處理家務，漸漸地將辦理結婚登記這件事情拋諸腦後。

孩子生下後，先生的公司業務越來越發達，開始以「工作忙」、「參展」、「出差」等各樣理由，不定時的外宿。她仍選擇相信丈夫，甚至不斷鼓勵他。但沒多久，她開始接到一些陌生女人的電話以及簡訊。她問老公，起初回應她的就是一堆打死不認帳的謊言，接著，兩人開始不斷地爭吵；後來老公乾脆說：「對啦！我就不是個好東西。怎樣？」「拜託，這有什麼大不了。你看現在有多少人不是這樣，你真是生在福中不知福。」「沒錯，我就是做了，但這還不是因為你，都是你不好，我才會不想回家。」之後，老公乾脆搬出去。

那天，她在路上看到老公摟著一個女人，而且那女人似乎懷孕了。彷佛晴天霹靂般，一股怒氣從腦門直衝上來，她上前大罵著「不要臉的女人」。兩個女人的戰爭開始了。

夾在兩女中間的男人一心護著對方，這讓她根本接受不了，接下來兩人怎麼扭打起來的，她已經忘了。一個要告對方「傷害和妨害名譽」，一個要告對方「妨害家庭」，兩個案件送到同一個檢察官手裡，由於傷害和妨害名譽的證據基本上是明確的，但紛爭的發生，畢竟始於兩個女人和一個男人的關係糾紛，檢察官請調解委員一同替這些糾纏的關係梳理一番。

開庭期間，兩個女人才發現，原來這渣男雙頭騙，編織著許多謊言，最後還將自己扮演成一個受害者：「你們兩個可以不要這樣愛我嗎？」在之後的調解中，雙方將刑事案件撤回；且在調解員的協助下，連離婚也一併處理妥當，一切近似乎圓滿解決。

⚖ 孟玲律師的法律諮詢室

在處理過的案例中，不少「外遇」、「重婚」案件裡的小三，其實也是謊言渣男的受害者。兩個老婆都認為自己是元配，為什麼會這樣呢？某些時候是因為婚姻制度變革的問題。

結婚應該具備什麼條件才算是有效且成立？

有關結婚之要件，《民法》在民國97年5月25日做了修正。

在97年5月25日以前的舊民法第九八二條規定，公開儀式是結婚主要成立的要件，至於戶政登記則是次要的。也就是結婚需要有公開儀式，不管是西式、中式都可以；並且必須要有二位以上在場見聞結婚儀式進行的見證人即可。在儀式完成的同時，結婚就算合法有效，新人不需要特別到戶政事務所辦理結婚登記。但是如果沒有舉行公開的結婚儀式，就算是到戶政事務所辦理登記，身分證上配偶欄有配偶的記載，這個婚姻依然並未合法成立。

97年5月25日以後，現行《民法》第九八二條已修正為「結婚，應以書面為之，有二人以上證人之簽名，並應由雙方當事人向戶政機關為結婚之登記」，亦即公開儀式不再是結婚必要的條件，只要雙方當事人向戶政機關提出申請，並做完結婚登記即可。

故事中的當事人是在「民國97年1月」結婚，時間在民法修正之前，這時婚姻採取的是儀式婚之規定，也就是有公開結婚儀式以及證人，婚姻就成立；有無登記並不是必要的要件，所以兩人的婚姻應該是成立的。

結婚成立要件的重要性？

不論是97年5月25日之前的「儀式婚」或之後的「登記婚」，婚姻有效成立後，雙方所生的孩子才能推定為婚生子女，有法律上父母子女的關係以及衍生出的權利和義務，否則孩子需要經過認領程序；此外，婚姻有效成立後，倘若對方與他人交往過從甚密，才有可能適用侵害配偶權。婚姻有效成立，對夫妻財產制的適用和保護，以及配偶有遺產繼承的權利等才能生效。

萬一當時結婚無效或婚姻關係不成立，跟如何處理？

倘若原以為兩人結婚，而買房生子，後來卻被認定婚姻關係不成立，那麼兩人共同居住期間所生的孩子該怎麼辦？此時可以請求對方認領，認領後請求法院審酌誰最適合擔任孩子的監護權人。倘若你是孩子的主要照顧者，那麼你可以請求對方給付孩子的生活費用。因爲婚姻關係不成立，共同居住期間的財產，並無剩餘財產分配可以適用，但能夠就各種具體事件，例如可以評估是否有借貸、借名登記、不當得利或其他有利的主張等。

∴ 避踩渣男地雷

每次處理外遇案件，就會發現外遇渣男每個都是睜著眼睛說瞎話的高手，儘管每個人都有一本謊話葵花寶典，內容卻大同小異，如出一轍。

㈠對元配的話術

①幾乎都是以「加班」、「出差」、「參展」等理由，合理化晚歸行為。

②如果老婆發現蛛絲馬跡，就會以「逢場作戲」、「拜託，你是上世代的人啊！」或是「你真的是反應過度了啦」作為脫罪理由。

③如果被朋友看到或拍到什麼照片，便會說「你姊妹們就是故意挑撥」、「你為什麼相信她們，卻不相信我，這讓我很傷心」、「我以為我們是互相信任的」。

④若你質問他是不是外遇了，十個裡面有九個幾乎都是連祖宗十八代全部請出來發誓說：「我沒有外遇」。

⑤儘管鐵證如山、不容狡辯，他仍持續說，「我承認，我之前做錯了，但已經結束了，我保證不會有第二次」、「我沒告訴你，就是怕你會崩潰」、「你看你自己現在的樣子，我會變成這樣都是你逼我的」。

⑥如果又被逮到尚與對方有聯繫甚至繼續開房時，就會說，「我真的沒有跟她做什麼，真的只是偶遇」、「你不知道對方有多恐怖，我怕她會來傷害你，所以我要跟她好聚好散，再給我一點時間……」。

㈡對小三的話術

①剛認識的時候，你問他有沒有結婚，他要嘛矢口否認，要嘛就是語帶含糊。

②當你發現他有婚姻，他的固定話術版本幾乎都是，「我不告訴你，是因為我太愛你了，所以我無法承受失去你的痛」、「我沒有告訴你，是因為我擔心你會承受不起」。

③當你希望他告訴你真相，他會說，「其實如果不是對方懷孕了，我們根本不會結婚，這幾年我過得很痛苦」、「我們已經貌合神離很久了，要不是因為孩子，早就分開了」。

④若你要他斷捨離之後再來找你，他會說，「如果不是遇見你，我真的覺得人生沒有意義，但有了你，讓我有重新活過來的勇氣。放心，我一定會處理好」，然後一段時間後你再問他，答案會停留在「我跟她提離婚，她不肯」、「我跟她提離婚，但她獅子大開口」、「放心，

我會處理，不會讓你委屈」，但……最後仍舊很委屈。

處理外遇案件，最常聽到元配說，她不想告老公，因為都是那女人不好，是她勾引老公。

除了法律上的分析外，我很常問元配：「你真的覺得那女人比你老公可惡嗎？」「你真的覺得只要把那女人趕走，你老公就會回到你身邊嗎？」……不要把老公想得那麼無辜，也不需要把小三過度的妖魔化（我沒有說她們絕對無辜），但外遇這件事情一個巴掌拍不響的。並且依照律師的職業觀察，很多老婆處理完這個，沒多久就又會來找我，因為小字輩不會只停留在3這數字上。

案例中誤當小三的女子說明的內容，我並不意外，在事務所裡也常碰到相似的情況；她們很無奈的說，「律師，你說要看身分證，我真的看過了，也確認他配偶欄是空白的，我們才開始交往」。

其實現在要確認對方的感情和婚姻狀況，確實需要像名偵探柯南一樣，因此，我都會告訴姊姊妹妹們：「談戀愛，不需要愛得死去活來，而是你要去了解對方的交友圈和他的家庭。這了解不只是聽他說，而是要進入他的朋友圈中，也要適時地去探望他的家人。既然是男女朋友，這樣的互動應該是正常也合常理的。」

一個時常把你放在固定時間才能和你在一起的人，你必須要留意：那其他時間的「他」呢？又是怎麼樣的一個人呢？或是若他拒絕你跟他朋友認識，他說，是因為朋友不好，怕傷害到你；那麼你要留意，他身邊如果都是這樣的朋友，那他自己會是怎麼樣的一個人呢？又或者是他可能深怕朋友透漏出他不想你知道卻很重要的事情。再者，若他拒絕你禮貌探訪家人，你需要有個認知，他原生家庭的關係是否有狀況？和原生家庭間的關係通常會影響你們未來的婚姻或親密關係。或者他擔憂親友透漏他真實的各樣狀態呢？

親愛的，千萬不要被愛沖昏了頭，「停看聽」真的是避踩渣男地雷的不二法門。

滿腦性愛／不要責任

一位單親媽媽愛上了有婦之夫。兩人在一起一段時間後，女人懷孕了，男人要她把孩子拿掉，兩人因此鬧得不可開交，最後不歡而散，之後的懷孕和生產過程等，男人沒有參與也不願意負責，所以她想要男人認領孩子並要對方負擔生活費用。

調解桌的兩旁，兩人進行著對話……

女方說：「這孩子從生出來到現在，他都對我們母子不聞不問，我要跟他索取這幾年來的生活費用。」

男方說：「從一開始你就知道我有家室，我也講過我不可能離婚，我們就只是玩玩，要你做防護措施，你都沒做；有了要你拿掉，你也不拿，現在這個孩子沒有經過我允許生下來，我為什麼要養他！你才自私，沒經過我同意，就想用這孩子來破壞我現在的生活！我老婆現在整天跟我鬧離婚，這對我的家很不公平。」

女方說：「你三天兩頭對我示好，當時我因為你有家室拒絕你，你還用各樣方式來撩撥我，甚至說你會離婚，要給我一個家……。」

男方說：「那時是那時，但後來就沒有那種感覺了，你要我怎麼辦？」

女方哭著說：「當時你有家室，就不該來招惹我，你知道我已經有兩個孩子，你那時怎麼說的，你說你會照顧我們一輩子，你說你已經在跟她辦離婚了，你說……，當時的你可沒有說要玩玩啊。」

女方越講越生氣：「你真的很不要臉，跟我一起之後，竟然還招惹我閨蜜，弄得我們反目成仇，既然是玩玩，你就應該要做防護，怎麼會是我？懷孕了，他在我肚子裡，就不只是一塊肉，哪能那麼容易說割就割。你原來的生活是生活，我的就不是嗎？現在我的生活可是徹底崩解了，全天下最自私的人就是你！我當時真的看走眼了！」

男方一副受害者模樣說：「為什麼別人可以拿掉你不可以，如果那時拿掉，現在你不會辛苦，我也不會痛苦。你前面的男人都可以一走了之，為什麼我就這麼倒楣，要被你抓來負責？」

在這樣對話中，調解無法成立，最後案件交給法院裁判，因為有

DNA等資料，所以主張認領後，法院判決男方應對孩子負擔生活費用。

⚖ 孟玲律師的法律諮詢室

最近處理不少類似的案例，男生不管已婚未婚，都只想要情欲，只要做愛，卻不認真避孕；懷孕後只想要墮胎，因為他們從頭到尾都不想要負責任，好像會懷孕都是女生的問題。有良心的還會支付孩子的生活費，沒良心的直接神隱不見人。

對於非婚生子女，如何叫其生父負責任？

(一)先從男人和女人與這個孩子的法律關係來談

並不是說只要是血緣上的「生父」就必須要對孩子負起責任，而是他是「法律上的爸爸」才對孩子有責任。男人要與孩子在法律上連結為「父子」，有四種方式：一是父和母結婚後生下的孩子，受婚生推定。第二是先有後婚的，叫做準正。第三則是父親和母親兩人沒結婚所生下的孩子，由爸爸認領。前三個爸爸是孩子的血緣上生父而成為孩子法律上的父親；第四種則是透過收養，讓自己成為孩子法律上的父親。

㈡對於父親和母親沒有婚姻關係的孩子該怎樣做才好？

①如果這孩子是母親與別人在婚姻存續中所生，依照法律規定，會先推定。

所謂的認領前提必須是這孩子在法律上不會推定成為別人家的孩子。倘若這孩子是在母親與她配偶的婚姻存續關係下受胎，此時會推定成為前配偶的婚生子女，因此需要先提起「否認子女的訴訟」；勝訴確定後，排除婚生推定，真正血緣上的生父才能透過「認領」與這未成年子女擁有法律上的關係。

② 對於有血緣關係的非婚生子女要與生父成立法律上的父子關係方法

此方法有二種：一是生母與生父結婚，另一則是認領。認領又可分「任意認領」（生父主動認領）與「強制認領」（又稱生父被請求認領）。

對於生父的主動認領，母親或孩子能否拒絕？

「生父的主動認領」是一種「單獨行為」，除非主張男方並非孩子的血緣上親生父親（也就是從DNA上認定他並非生父），否則，這認領無法拒絕。通常生母不想要生父認領，是擔心生父認領後會搶走小孩，然而，認領手續完成只是生父欄位上有了父親，且這位父親對非婚生子女有了給付未成年子女生活費用的義務。至於是否能爭取該子女的監護權，得看他是否為適合的監護權人，也就是不只有無給付未成年子女生活費用，還包含有無照顧關懷等，因此若生父雖認領了，卻對孩子不聞不問，也難以取得孩子的監護權。

倘若生父拒絕認領，該怎麼辦？

①至於生父拒絕認領，「非婚生子女」或「非婚生子女的生母及其他法定代理人」可依法向生父要求「強制認領」。法律規定，只要「經生父撫育者視為認領」。所謂撫育，並不論生父與生母是否有同居，也不限於教養，只要有撫育事實（例如：給付生活費用或協力照護等），就屬於撫育，即視為認領。

②認領後，生母仍可請求酌定未成年子女監護權，亦可向生父聲請給付扶養費用，日後子女亦可繼承男方之財產。

⁘ 避踩渣男地雷

面對即使已婚卻仍花名在外的渣男，往往容易讓你無法招架，甚至覺得對方正是你的真命天子，毫無保留的陷入他的網羅，但隔一陣子就發現原來他也使用這招在別人身上。而這類人通常會有的特徵：

① 習慣利用自己外在優勢來吸引他人注意
② 時常以曖昧的暗示或挑逗行為與人交往互動
③ 情緒表達會比較誇張和戲劇化
④ 他喜歡成為眾人關注的焦點

這類的渣男很在意自己對異性的吸引力，有些是自戀想要證明自己，有些是想要獲得別人的注意和肯定。這類人通常需要觀眾，所以他們可以在仍與你熱戀的狀態下，為了尋找更多的熱情與注視，而同時追求不同的異性。這類渣男在分手的過程中，幾乎都會創作一套屬於他自己的劇本，然後演給全世界看，讓人覺得錯不在他身上，甚至認定自己才是關係的受害者。

在處理很多感情糾紛時，常聽到當事人說，「不知為什麼，每次我的真心都換來假意，那些渣男追我時的過程都是同一個樣，等到睡過了，就會變成另一個樣，然後懷孕了不負責任，為什麼我就是碰不到好男人。」最後得到一個結論，那就是「為什麼我每次碰到的都是情感渣男？」

她們會說，「誰不想要找一個專屬的感情，但我就是碰不到啊」。接著說，「其實我好痛苦，每次我都在想，如果他沒有老婆就會娶我，我就可以當他老婆，我們就可以……。」

我都會問一個問題，「你真的覺得如果他和原配分手，你們就一定會過著幸福快樂的日子嗎？」這時有一半以上的女人都會沉默，因為事實是，當他在未處理好前一段感情就跟你在一起，難保熱情褪後，他也會用同樣的模式去找下一位，這時大多數的女人都會說，「應該也是分手吧！但就是不甘心啊！」

踩到已婚渣男的妹子，其實真的辛苦了……

因為明知道他不屬於你，而仍執著強求，真的好辛苦。

因為你執意追求，縱使交往了，但激情過後，後悔好辛苦。

因為他的真實樣貌，是你無法忍受的，彼此爭吵好辛苦。

因為真相跟你想的不同，你開始想逃，說謊躲避好辛苦。

因為雙方都曾投入感情，若談論分手，怨懟攻擊好辛苦。

因為當時任性執著，現在無法面對大家，真的好辛苦。

遇見這些辛苦的妹妹們，我時常聽到，「我只是想要屬於我的幸福而已，為什麼這麼難？」要找到屬於自己的幸福，就得先揮別那些只想跟你玩玩的渣男，也要改變舊有的感情模式，就是先處理這種沒來由的戀慕。

每個人對於「沒來由的戀慕」有不同的處理方式，但我想第一步就是「不順著感覺繼續撩下去」，接下來「理性客觀分析」，最後則是「正向轉移」。

①當戀慕不受控制時，我們仍可以理智的把飄走的心思拖回來，並在越發濃郁期間，快刀斬亂麻，不看臉書，暫時不跟對方有太多接觸，因為你一接觸又會在心裡擦出其他小火花。

②然而情感無法受理性控制，唯有不斷地理性分析，會削弱濃郁的情意。接下來，藉由工作或其他正向的移轉，就像讓風吹散濃霧一樣，

風一來，霧就漸漸散開了，讓自己心中遠離對這情感的各種小劇場，如此你會發現，自己不再那麼執著。確實需要時間，但一定會散去。

親愛的，真正的幸福可以攤在陽光下；
真正的幸福不需要偽裝躲藏；
真正的幸福需要被支持和祝福；
真正的幸福不需要委屈辛苦；
真正的幸福是等到那個對的人；
真正的幸福也只有對的人能給。

2

軟爛渣男

- ✓ 只要自由不要負責
- ✓ 漫無目標尋找刺激
- ✓ 想當王爺一事無成
- ✓ 愛是結晶不是結石

只要自由／不要負責

吳律師，他對我們母女不聞不問都一年了，現在竟然還說要跟我離婚……」。

一年前無故丟下母子的對方，一年後在法院重逢。男方的訴狀簡單幾個字：「這檔婚姻非我所要，為了孩子忍到現在，直到如今想要自由」，然後他用分居一年為理由要求離婚。

依照我國《民法》規定，離婚不是單方想要就可以辦理，需要有法律上的原因；因為女方仍不願意離婚，經兩次調解無果後，便進入訴訟程序。

開庭的時候，女方娓娓道來在婚姻期間，如何認真操持家務，如何教養孩子等等。然後不斷追問對方，「我到底做錯什麼？你非得和我離婚不可？」他沉默不語，女方則滿臉淚痕。

他說，「拜託你放過我吧，再這樣跟你生活下去，我真的快過不下去了。」她則回應，「拜託你不要離婚，我和孩子以及這個家都需要你啊。」

男方說，「這不是我要的婚姻，要不是你懷孕，我根本不會跟你結婚，我很早就告訴過你，要你把小孩拿掉。」

女方說，「你之前離婚，也說那不是你要的婚姻，這次你又說這不是你要的，你到底要怎樣的？」

男方仍低頭說，「拜託你，放了我吧。」

開完庭，走出法院，女方問我，「律師，到底婚姻是怎麼樣的，為什麼不管哪一種婚姻都不是他想要的？其實若你問我，這段婚姻走到這裡是不是我想要的，我不知道，我只知道這不只是情愛的問題，是責任的問題。律師，難道我錯了嗎？」

我拍拍她，「因為這不是對錯的問題，而是你如何看待婚姻的問題。」我看著她，「對於婚姻或感情，一心想要放手的人，只要擺爛就好；但是對於那些仍要堅持下去的，就很辛苦了，加油！」

孟玲律師的法律諮詢室

在婚姻裡對另一半沒感情了，可以請求離婚嗎？

如果在婚姻裡雙方已經無法相處，希望離婚，除了協議離婚和調解離婚外，還得以提起訴訟離婚。

依照《民法》第一〇五二條規定，一方要離婚，需要婚姻裡的另一方有法律規定的十項原因（例如：重婚、外遇、不堪同居虐待、惡意遺棄……等），否則就需要雙方婚姻的破綻已經達到客觀上無法修復，這樣才有可能准予離婚。

因此，若單純一方對他方或對婚姻沒感覺，除非另一半願意離婚，否則需要在離婚訴訟中，具體指出對方在婚姻破綻裡，屬於過失較重的一方，這樣才有可能准予離婚。

無故離家的一方，可以訴請離婚嗎？

目前的《民法》對於離婚採過失責任，也就是依據《民法》第一〇五二條第2項規定，除了有一〇五二條第1項規定的那十種可離婚的原因外，如果婚姻中的任何一方主張有其他重大事由（例如婆媳戰爭、財務糾紛或冷戰分居等），且狀況嚴重到多數人都看不下去，甚至覺得這兩人難以維持婚姻了，夫妻之一方得請求離婚。

但主張事由的一方，必須並非造成婚姻破綻，需要負主要責任的一方，才能請求離婚。至於什麼情況才能主張離婚呢？目前依實務見解是以婚姻是否已產生破綻且沒有回復的希望作為判斷的標準。再進一步解釋，難以維持婚姻的事實是否已經達到在任何情況下，必須是多數人在類似情況下都可能喪失維持婚姻意願的情形來決定，而不是單單你一個人感覺不想要就可以主張離婚的。

因此，依照目前實務見解，「無故離家」的一方（例如外遇離家或單單因為覺得性格不合或雙方大吵架而離家），似乎較難訴請離婚成功。

如果對方無故離家，我可否訴請離婚？

① 《民法》第一〇〇一條所說「夫妻互負同居之義務。但有不能同居之正當理由者，不在此限。」若夫妻中的任一方無故離去，不願與另一方同居，也不願意支付家庭各樣費用，不但會使得家庭功能無法發揮，亦會使夫妻情感淡薄。《民法》第一〇五二條第1項第5款規定，夫妻中的一方以惡意遺棄他方在繼續狀態中（也就是這樣的遺棄狀態已經持續好一陣子了），另一方可請求判決離婚。

②所謂惡意遺棄他方，不僅必須要有違背同居義務的客觀事實（例如：違反同居、家庭生活費用負擔義務等），也需要有拒絕同居的主觀事情，及已有相當期間的持續才可以。至於所謂的相當期間究竟要多久才算數，目前實務上會以婚齡和分居期間來衡量，判斷是否算是惡意遺棄。若有不能同居的正當理由，如出外工作、就學而在別的地方居住，或雙方協議分地而居，或因無法忍受配偶虐待而逃離家時，就不在這一條的限制裡，也就是不能用另一方不履行同居的義務來請求和要求對方回家居住。

③由於「惡意遺棄」是指同居義務的不履行，這是一種主觀的心態，比較不容易認定，所以在法律實務上，有的人會先提起「存證信函」，請求對方支付生活費用或履行同居（針對離家者），甚至提起「請求履行同居義務」的訴訟；不聞不問的一方，如在法院判決後仍不履行同居義務，就形成惡意遺棄的事實，可以訴請離婚。

如果對方無故離家，但我不想離婚，我能做什麼？

① 請寄發存證信函，或用各種聯絡方式（如 Line、Facebook、email 等）請他回家，這在未來可以作為他離家的證據，也可證明雙方分居的時間。

② 如果一方不願意離婚，或有未成年子女的監護問題，可在雙方分居六個月以上，提出證據跟法院釋明，為什麼在分居期間需要法院來審酌裁定有關小孩監護權的必要（例如：因為分居期間，小孩有到別的地方念書之需要，或者雙方針對小孩到底要同誰居住一直爭吵不休等），這些容易被認為有酌定的必要。此時你可以向法院訴請酌定將與你同住的未成年子女監護權暫時判由你單獨行使，但仍可以跟對方要求負擔未成年子女生活費用。

③ 至於財產部分，可在雙方分居達六個月以上，不提離婚而是僅向法院申請改為分別財產制，然後提出剩餘財產分配請求（提醒你要確定對

方的剩餘財產多於自己，才有提出之實質利益），提前結算財產，或者訴請對方給付生活費用，另外就上述兩樣財產請求，可提出擔保請求假扣押等保全程序。

避踩渣男地雷

處理親密關係糾紛時，很常聽到「這不是我想要的關係」。婚姻中的任何一方想要離開，不見得是外遇的因素，但就是覺得很不滿意，覺得很空虛，產生「難道我這輩子就要這樣過嗎？」的疑惑。

當我詢問那些一直不滿意現狀的一方，大概聽到最多的是「這關係讓我覺得好煩好累，可不可以放了我，讓我靜一靜」。若問他對婚姻有什麼不滿意，「我不喜歡他（她）……，不要他（她）……」，說了許多「我不要」，但當我詢問對方，「那你要他（她）如何呢？」換來的就是沉默，然後淡淡回答，「我不知道」。

對於這類的人，你說他很渣嗎？他自己一定會說，他也是關係的受害者；他不是故意騙人，也很無奈怎麼會走到這個地步。這類型的人有幾樣特質：

①他們核心宗旨是「愛情誠可貴，自由價更高」，只要沒有當年愛的感覺，就希望有隨興離開的自由。

②他們會時常跟人若即若離，一開始熱情的時候如膠似漆，但只要他覺得沒感覺了，就可能幾天已讀不回。

③他們對於「被要求」會格外感到抗拒，甚至會覺得自己被關係迫害。

④他們不喜歡天長地久的承諾，會覺得是一種拘束和束縛。

他們時常說的「我不要」這三個字，其實包含著「我，不要」、「我，不願意」、「我……」。

他們比較多時間關注在自己的感受上，比較多在檢討別人為何無法滿足自己，看待自己是一個不被滿足的受害者。若一個人時常用「不」當作陳述語彙，這人似乎較容易負面且消極，且內心往往潛藏著一個「我要」的想法；他一面拒絕，一面批判身邊所有的人事物，但他根本不知道自己要什麼，不只是婚姻關係，更包含職業和生涯規畫。

在情感上也是如此，當習慣用「我不要」來表達時，會讓自己慣性處在不被滿足的沮喪或憤怒中，讓對方覺得挫敗，因為對方需要不斷摸索你的心意，卻仍舊不到位，仍舊被拒絕，甚至被憤怒、責罵和檢討，久而久之，對方的心也疲倦了，不想再付出，就關上了，雙方的關係進入加護病房。

因此，在交往的階段，你會發現對方時常「生悶氣」，對你有諸多不滿，但你問他怎樣才會令他滿意，他都答不上來，只會說「我不要」、「你怎麼什麼事都要我說」、「做好有很難嗎？」那我要說，有可能你的另一半就是屬於「我就是不要」的這一群人。

面對這樣的另一半，你要有心理準備，你需要猜他到底要什麼，但可能永遠也猜不著，因為他自己也不知道，他只知道這一切都不順遂，可是這不是你的問題，而是他的問題。

倘若你也是一直在找「我要……」，卻彷彿總找不到，或是過了賞味期限就發覺「這不是我要的」，那麼或許你們雙方都需要先試著問問自己——到底要怎樣的一段關係，否則在一個「這不是我要的」裡面，雙方會越來越苦悶。

親愛的，搞懂自己想要什麼，真的不容易。別人更不容易理解你真的要什麼，因此在你們交往期間，就請開始試著用「我要」代替「我不要」，讓自己清楚，也讓對方明白，幸福路徑就會越來越清楚。

漫無目的／尋找刺激

「律師，我要離婚，他吸毒和外遇……。」

原本兩人都具備三高條件（顏值高，學歷高，資歷高），且是不同領域的師字輩佼佼者，婚後各自忙碌著。突然有天，男主角心悸，看了身心科。有了身心科的病歷，遂從大事務所退下來，開始屬於自己的「四十歲退休生涯」，一切看起來是那麼的愜意美好。

不久，老婆發現老公辦了另一支手機，緊跟著出現了一些奇怪的情況，女人的第六感告訴她事情不簡單，她開始用各樣方式追查，發現原來老公跟不同運動社團裡的女性有曖昧來往，不只是小三，而是到了小六。她很氣憤地質問，他回答，「唉喲！都是她們自己主動來找我的，我們又沒怎樣，不然你又不在家，我很寂寞耶！」「放心啦！我有潔癖，我不會跟她們上床，就只是打打嘴砲而已」……。為了這件事情，兩人不知已經吵了幾回，吵到她感到疲倦，決定不管他了。

之後她發現老公的狀態越來越不對勁，甚至在家中發現某些粉末。她詢問老公這是什麼，老公直接裝傻否認，但老公的眼神和行為出現異樣，於是她裝設監視器，赫然發現老公在吸毒。她氣急敗壞地質問，老公說，「因為我睡不著，安眠藥也沒有用，所以我才……」。又過了一段時間，家中出現了其他東西，她上網搜尋發現，原來老公的毒品升級了。她又氣又難過，原本好好的一個人，怎麼會變成這樣呢？

她氣到把所有毒品丟掉。奈何毒癮來襲，老公竟在家中咆哮尖叫，緊接著在地上打滾，這些狀況對她來說，彷彿惡魔附身一樣。她不知道該怎麼辦，只能打給婆婆向她求救，想不到婆婆說，他們早就知道了，但怎麼勸阻都無效。

某天，她和孩子睡覺時，突然一群警察衝進來，在家搜索，找出一些物品：原來老公不只吸食毒品，更預備進行毒品生意……這些都像晴天霹靂般，令她手足無措，只能請律師協助處理。原本以為老公這次被抓之後，懂得悔悟且願意和毒品 say goodbye，但無意間聽到老公與某些人的對話，發現他仍計謀許多事情，完全沒有想要改變，反而想再搏一搏。「我老公變成惡魔了……」，她邊說邊哭，「孟玲，我要離婚，我不能讓孩子看到她爸爸病態的樣子」。

我接手處理兩人的離婚案件，評估過後建議先用協議的方式來處理。男主角看見我有點尷尬，但他說，「如果是你要幫我們處理，我就放心了」，於是我給雙方一個「很客觀」的建議方式，他們均覺得可以接受，遂很平和、順利地協議離婚了。

在辦理的過程中，男主角說：「我很羨慕別人，每天有各種忙碌的目標，例如：養小孩繳學費，養房子繳貸款，養老婆付生活費……但我都不用，因為我老婆很厲害，她自己可以搞定一切；我們也不缺錢，小孩的部分我老婆和岳父母都能張羅地好好的，我真不知道生活的目標和重心是什麼……。」「我每天睜開眼睛，就是得想辦法把時間填滿，玩玩股票和期貨投資，進行各種運動，然後跟朋友聊天打屁，再想想晚上要吃什麼好料……這種日子真的很沒有意義，所以我才會染毒……」，「其實我現在變成這樣，你也有責任。」

女主角回答，「聽你的說法，如果我爸媽不幫我們管孩子，把孩子丟給你，我不認真工作賺錢，整個家讓你來負責，你就不會變成這樣嗎？你有沒有搞錯啊，當時你不就是因為壓力太大才離開工作嗎？結果竟然變成這一切都是我害你的……。」

他們在我的事務所辦完離婚協議，我看著背影，不勝唏噓，原本是多麼美好的一對佳偶，竟然變成怨偶；別人是因為貧賤夫妻百事哀，他們則是太好命，生活沒有目標和重心。

⚖ 孟玲律師的法律諮詢室

就目前處理案件的經驗可以發現，毒品成癮這問題不只青少年有，不少中產階級的家庭也深受毒癮之害。面對配偶染上毒癮，通常其中一方會向對方的原生家庭求援，但家人能給予的支援非常有限，彼此關係卻已因毒癮而破裂，也已造成對孩子的各樣影響，當一方受不了想要離婚，對方的家屬通常會採親情攻勢，希望多加忍耐；殊不知忍耐需要甘心樂意，若已無法承受，離婚是有方法可行的。

針對配偶吸毒，該如何處理婚姻？

① 配偶吸毒，不管是想要離婚或想要做其他處理，都需要有證據。若有證據（包含毒品本身、吸食器或注射針筒等），可以用照片或者戴手套將這些收藏好；若對方正在吸食或注射，盡可能用錄影方式存留。

② 配偶在吸食或癮來時的各樣症狀（包含恍惚、躁動等），可以用錄影或錄音方式留存證據。在不得已的狀況下，曾經有當事人報警處理，讓事情曝光，使公權力介入，或許可以成為對方跟毒品斷捨離的契機。

③ 若配偶已接受過戒治等，甚至有被判超過六個月的刑事判決，都可以作證據。但須留意，依照《民法》第一〇五四條規定，自知悉後已逾一年，或自其情事發生後已逾五年者，不得請求離婚。也就是當配偶曾因吸毒被判刑超過六個月且入監服刑後，在你知道這件事情的那一天起一年內要提出離婚；倘若因為種種原因導致你不知道配偶曾經因為吸毒入監，但這件事情已發生超過五年之後你才知道，很抱歉，你無法單單以這件事情來請求離婚。此外，若是你之前已經原諒對方，但之後對方卻又有施用毒品狀況或者雖然超過所謂的知悉一年或事發五年的期間，之後仍繼續施用毒品，建議仍舊將之後所有的證據蒐集好，以《民法》第一〇五二條第2項其他重大事由主張離婚。

若配偶因毒癮對家人有各樣的暴力（包含辱罵，破壞家具，毆打小孩或家人等等各樣精神和肢體傷害）狀況，請認真考慮聲請保護令，甚至可能要評估

帶孩子尋找可庇護的場所。若有家暴狀況，建議要把各樣證據蒐集起來。

①若毒癮發作對全家謾罵或半夜興奮叫大家起床訓話之類，建議把這些情況和內容用錄影或錄音方式記錄下來。

②若毒癮發作毆打小孩或家人，建議一定要打113家暴電話，或者到醫院驗傷，或者照相存證。

③若毒癮發作將家具毀壞，不要急著收拾復原，先拍照或錄影。

總之，若配偶已經使用毒品失控，為保障其他家人（例如子女）的安全，建議此時考慮用法律資源介入，例如：對沾染毒品者以報警處理；而吸毒後產生的各樣脫序行為則可考慮聲請保護令；更甚者，已無法共同生活，則可以考慮離婚申請加上保護令聲請。千萬記住，這不是你的錯，更不是你必須一輩子承受的苦。

∴ 避踩渣男地雷

現今不少成年人也深陷毒癮中，或許一開始是因為壓力或者身心失調，身邊碰巧有朋友提供所謂輕微的安非他命，一旦使用上便慢慢地成癮了。

因此以安非他命為例，除了家人開始出現不正常的頻尿症狀，若家人有下列徵兆，可能已經使用毒品了。

① 房間或包包有不明物質或氣味，如：燒焦的錫箔紙、不明粉末、小夾鍊袋、不明塑膠管或燒塑膠味道等。

② 經常夜歸，回家時精神恍惚，說話不清、紅眼睛，身上有異味。

③ 成績（或工作績效）突然一落千丈。

④ 經常睡著或醒著超過24小時，經常情緒失控、脾氣暴躁，不注重衛

生。

⑤　不明原因金錢大量進出。

除了毒癮外，其實不少成年人也深受「性癮」困擾。

所謂「性癮」是「性愛上癮症」，也就是指出現強烈的，被迫（想停卻停不下來）的連續或週期性的性衝動。這些性衝動來的時候，若無法得到滿足，會產生焦慮不安的痛苦感覺。為何會有「性癮」，除了部分因為身體狀況（例如腦部腫瘤或其他疾病外），不少是因為家庭（例如從小曾被性侵，或者長輩的不良示範）或社會環境（色情刊物和影音的誘惑）的影響，讓成癮者只要精神壓力過大，就習慣求助於性愛，最後成為一種心理的依賴，甚至還有人利用性來證明自己的魅力，性伴侶越多讓自己越有自信，這對關係也產生很大的傷害。

若家人有各樣成癮現象（包含毒癮、性癮、酒癮、賭癮或網路成癮等），依照處理經驗，絕對不是你與他說道理，就可以幫助他斷捨離的。不只是成癮者，對陪伴拒癮的家人亦是如此，這是一條長期抗戰的道路。

當配偶或伴侶成癮時，身邊的朋友或另一方的原生家庭極有可能會對你說很多風涼話，甚至會批評你，「就是因為你沒有XXX，他才會這樣……。」記得練習將自己的耳朵關閉起來，不要把這些話語聽入，更不要買單。配偶是成年人，他應當學習如何處理壓力，這件事千錯萬錯都不會，也不該是你必須負最大的責任。

想當王爺／一事無成

「律師，這次你一定要幫我，
我要讓他粉身碎骨，我要讓他後悔一輩子。」

跟前男友重逢後，她毅然決定結束婚姻與他在一起，後來卻發現前男友是個說謊大師，要的只是她的錢。「我跟前男友在一起好幾年了，他是很浪漫和體貼的人。我們經常分分合合，後來我認識了我老公。這次相遇，我覺得是老天爺給我們再一次的機會，他跟他老婆感情已經不好很久了，而我跟我老公也冷淡很長一段時間，直至重新遇到他，我覺得自己又活了起來，這才是我要的婚姻。」

我辦理她的婚姻案件，知道對於女主角而言，她堅信「愛能克服一切」，當時的我也只能淡淡的建議她說，「幸福是可以期待的，但聽我一句，錢絕對要守好，不要隨便投資他」。她笑著說，「放心，我很精明的，絕對不會這樣昏頭」。雙方先各自辦理離婚手續後沒多久，兩人就結婚了。

幾年後，她來找我，她說，「律師，真的像你所說的，他根本從頭到尾都在騙我。」她說，「其實他跟前妻的關係，並不只是他說的感情冷淡而已。他前妻說，在我之前已經有好幾次偷吃被抓包的事情了，前妻後來也給我看幾個通姦的刑事判決，但他就是死性不改。他跟我說錢都交給前妻，其實是每次判決的賠償金，至於他的公司根本就是空殼公司，還欠了一屁股債。前妻幫他向娘家借錢，也背負一些債務，所以當時離婚協議說男方要給女方的錢，其實只是把欠女方的錢歸還，他卻說得好像就是為了我放棄所有的錢一樣，讓我好感動。」

接著她跟我說，結婚這幾年她就像是渣男前妻的翻版，只是現在這個洞更大，幾乎把她所有的積蓄都賠上了，女主角說，「我覺得這一切都是我自找的，我不敢跟娘家或朋友訴苦，因為當時是我堅持要離婚的，所有人都勸我，但我就是昏了頭，所以現在我只能忍。」後來女主角身心出現狀況，前往身心科看診，醫生要她找到壓力源，她知道就是這段關係，於是決定提出離婚。孰知他說，「離婚可以，只要把錢分一分。」女主角說，「跟你在一起，我的錢幾乎都在填你的洞，哪裡還有錢？」，他說，「這兩年股票可能賺了幾千萬，這個我要分。」她說，「你怎麼可以這麼不要臉，你把欠我的錢還來。」他竟然說，「那是你心甘情願給我的，如果換成我，我給了你就不會再跟你要。你當時不是說，我只要負責愛你，剩下的你都搞定嗎？這些都是你自願的，現在怎麼又來跟我要！」女主角氣不過拿東西砸他，他用拳頭捶打她的臉，把女主角的眼睛打到剝離。

講到這裡她已經泣不成聲，「律師，我真的好後悔，但千金難買早知道，一切都太遲了……」，我握著她的手說，「親愛的，我們都可能走錯路，但還不算遲，因為你的選擇可以決定接下來的人生下半場要怎麼過。」

⚖ 孟玲律師的法律諮詢室

「律師，你一定要幫我，我要他把我毀掉的人生還回來。」這是很多遇到水蛭型軟爛渣男的姊妹們的哀鳴，但問她們是否願意離婚，往往出現一堆「可是，但是，but」。我發現女主角對男方多半有種依戀，就是「不甘心放手」，因此我有以下幾項建議：

當事人或許可以善用《民法》第一〇一〇條規定向法院請求宣告雙方財產制改成「分別財產制」。

分別財產制的意義就是兩人財產和債務完全分開，這對於遇到水蛭型軟爛渣男的姊妹而言，可以達到設置停損點的效果。

①如果對方不負擔家庭生活費用，你已請他要負擔，他卻仍堅持無故拒絕。

②如果對方的財產不足以清償他在外面積欠的負債，例如卡債金額大於他個人的財產金額。

③一方故意將雙方共同財產做不當的買賣或贈予或借貸，經他方要求改善仍不改善。

④一方為了侵害對方離婚或死亡或分別財產制變更後可以有剩餘財產分配的請求，而做的各樣脫產行為。

⑤夫妻之總財產不足清償總債務。

⑥夫妻難於維持共同生活，不同居已達六個月以上時。

從上述條文可知，如果對方財產清算有破產，或是他們分居達六個月以上，建議可以先辦理「分別財產制」。若對方提出「剩餘財產分配請求」，因為現在法律規定，剩餘財產的分配須衡量「貢獻度」，例如提出男方財務的洞都由女方填補，加上對方不斷外遇和賭博，有可能因男方對女方財產增加沒有貢獻度，而請求酌減或免除。

倘若配偶有十分惡質的對待，例如男方有施暴的證據（包含錄音或驗傷單，甚至是保護令或刑事訴訟證據），建議女方可以立遺囑剝奪掉男方的繼承權，因為不知道兩人的關係最後會走到什麼地步。

所謂喪失繼承權是指繼承人對被繼承人或其他應繼承人有以下情形，依照《民法》第一一四五條規定剝奪他的繼承資格，使其喪失繼承人地位的情形：

① 故意用各樣方式害死被繼承人或其他繼承人，或者雖然沒有死但後來遭法院判刑確定。

② 用詐欺或用各樣違反被繼承人意願的方式，讓被繼承人把遺囑內容做變更，或者撤回原本已經做成的遺囑。例如強迫被繼承人將遺囑變更成對自己有利的分配。

③ 用詐欺或用各樣違反被繼承人意願的方式，阻止被繼承人做遺囑變更或撤回，例如：得知被繼承人將做出對自己不利的遺囑，用各種強迫或欺騙方式，阻止被繼承人做這樣的變更。

④ 偽造被繼承人關於繼承之遺囑者。例如假裝被繼承人的簽名樣式製作一份假遺囑。

⑤ 變造被繼承人關於繼承之遺囑者。例如將被繼承人原先已經立好的遺囑，用各樣不法方式，違反被繼承人的意願而將遺囑內容做變更。

⑥ 隱匿或湮滅被繼承人關於繼承之遺囑者。例如知道遺囑內容對自己不利或者對其他人更有利，索性把遺囑藏起來或者毀掉，讓大家無法依照遺囑做分配。

⑦ 對於被繼承人有重大虐待或侮辱的事情，經被繼承人表示其不得繼承者。

∵ 避踩渣男地雷

在處理感情案件中，時常聽到案主說「其實當時我就發現……，但因為那時的他……，我想應該不會騙我吧」。是的，他就是在騙你！至於他為何騙你，基本上這個根本不該算是命題，因為他騙你是事實，剩下的只是他合理化騙你的理由而已。而這些欺騙，從交往的時候就有很多蛛絲馬跡，只是那時你被愛沖昏頭，鬼遮眼罷了。

渣男一般的說謊方式大概可以分為「故意說謊」和「故意隱匿」，我想以下應該都是大家耳熟能詳的謊言：

㈠故意說謊

①我當然沒有外遇（事實已經在外遇進行式）。

②我已經跟她離婚了（事實上他們只是感情不好，也沒有完成離婚程序）。

③我沒有和別人在交往（事實上可能不只跟一個女人在交往）。

㈡故意隱匿

他們會有暫時性的失憶，遺忘很多他認為是小事卻是極為重要的事情，例如：

①我現在還在婚姻關係裡

②我在外面不小心有個孩子

③　我有身心疾病

④　我有犯過罪

⑤　我欠別人不少錢（包含銀行卡債）

這些軟爛卻滿口謊言的渣男，通常他們的伎倆有以下幾種：

①　說故事高手。通常故事的內容是之前如何被錯待，他是如何無奈和無辜。

②　當你戳破他的矛盾，他會反過來攻擊你，把戰場轉到被你攻擊的那件事上面。

③　對於被抓包的事情，他通常就是睜眼說瞎話，死不承認。

④　有時候會說，「沒錯，我做了那件事，但要不是因為你……我才不會這樣。」

⑤　有時會採取哀兵姿態，「對！我不是個好東西」，然後又撞牆又自殘

地要求你的原諒。

面對這些謊言，原本聰明的我們，為何陷入自欺的狀況，或許以下也是我們時常自欺的模式：

①對許多事情出現疑惑卻仍催眠自己：「他可能會對別人說謊，卻絕對不會騙我。」說真的，哪來的信心啊，通常這時的你正踏入被情欲鬼遮眼的景況。

②當不小心抓包時，是否又告訴自己：「沒錯，他說謊，但重點是我們相愛，這才是最重要的。」「其實他會這樣說謊，也是不得已的。」說真的，在一個會說謊的人心裡，「相愛」根本不值錢。

③甚至當全天下都告訴你，這人就是個渣男，你還是會說，「對，他雖然在你們眼裡很渣，但我會讓他變好的。」甚至還會說，「這不全是他的錯，我也有錯。」……親愛的，別再自欺欺人。

若問我面對這樣的渣男該怎麼辦，我會告訴你，不要幻想你能真愛感動天而改變他，反而要問自己，若狀況就是如此，你還能用愛包容嗎？如果不能，就不要陷入不甘心的另一個網羅，儘早快刀斬亂麻吧！再糾纏下去，連你也快要分不清什麼真假了，你需要斷捨離，讓自己的心被療癒而重新完整。

愛是結晶／不是結石

「律師，我要讓對方把小孩帶回去養。」

辦公室來了一群「小朋友」，年紀大概都不到二十歲，推著嬰兒車。女孩說，「律師，我沒辦法養小孩了，我要把小孩給對方。」

女孩與孩子的爸爸在讀書時交往，沒多久懷孕了，男孩的家境十分優渥，但他家人不希望因著孩子阻斷男孩的大好前程，便要女孩把小孩拿掉。女孩捨不得，自己將小孩生下來，男孩和家人說會負責，且認領了孩子，生活費用均由孩子的爺爺奶奶來支付，然後兩人協議分手。

後來女孩為了養大這孩子，只能先工作；每天下班，看著同事相揪去哪玩，她卻只能趕著回家；自己的同學得以深造，儘管她成績不錯，卻只能羨慕；看到孩子爸爸PO在社群媒體（IG／臉書）上的生活多采多姿，女孩一把火燒了起來，她覺得簡直「太不公平了」，為什麼只有她必須為孩子犧牲這麼多；男孩除了由他爸媽負責支付孩子的生活費外，完全不用為這孩子做任何犧牲，只因為他說「當時我就說不要了，要你墮胎，是你硬要留」。

接著她又說，「律師，我要把孩子讓給他，他有爸媽可以幫忙照顧，孩子在他那邊比較好。」我跟他們解釋法官在酌定監護權時，若兩邊都想要孩子，會視雙方具他的狀況，包含經濟以及支持系統等。但若是雙方都不想要小孩，法官會先調查雙方照顧未成年子女的意願，倘若不願意照顧，法官也不會硬把孩子丟過去⋯⋯。

當我說到這裡，這幾個年輕人嚷嚷著，「怎麼這麼不公平，憑什麼我們就要為這孩子犧牲，孩子的爸爸就不用……」，聽見他們口中一直說著「不公平」，我看著娃娃車裡熟睡的孩子，實在不知道該說什麼。在我處理的案件中，很多孩子都是爸媽兩邊搶著要，但眼前這個可愛的娃卻被當成燙手山芋，兩邊都覺得這孩子妨礙她（他）追求幸福，我心裡著實心疼。

於是我給他們另一條路，就是「出養」。當我跟他們介紹「出養」，並且說明出養後就跟孩子的關係暫時凍結了（除非孩子跟養父母的收養關係終止），未來應該很難能跟孩子有往來。女孩說，「我只想要丟給他爸爸，周末再去帶他玩，我沒有想要把他丟掉。我只想要他爸爸為他負責，因為他是他爸爸。」

⚖ 孟玲律師的法律諮詢室

小爸媽的案件越來越多，在他們的認知中，「孩子」是追求下一段幸福的絆腳石，有的會因為經濟問題產生「孩子我養不起」，而來詢問「可以起訴要求對方把孩子帶走嗎」？

①　基本上父母雙方對未成年子女有扶養照顧的義務，即或雙方已分開，沒有與孩子同住的一方，仍舊有扶養的義務，因此同住方可以向未同住方，請求給付未成年子女生活費用。至於生活費用的多寡，則依照父母雙方的所得收入等經濟狀況衡量應負擔的比例；以多少金額作為依據，這裡所規定的是給孩子的「必要支出」（例如：生活必需的食衣住行開銷，以及醫療和教育等必要支出），而非「一切支出」。因此像是出遊或保險等非一定必要支出，除非雙方同意，否則其中一方無法強迫另一方支付這些費用。

②至於可否請法院判決，將孩子交給對方扶養？基於「孩子」不是物品，不像球般可以踢來踢去，倘若要讓法院來判決，法院會依照整體來判斷誰比較符合孩子的最佳利益，「父母親意願」會是法院審酌的原因；倘若對方完全無意願，法院不會強硬把孩子判決給對方，因為這對孩子來說並非最佳利益。

③倘若父母雙方確實無法扶養未成年子女，「出養」會是一條可以考慮的路。

目前越來越多「我養不起孩子，可以出養嗎？」的案例，但什麼是出養呢？

①出養就是將未成年孩子永遠被帶離原生家庭，並透過法律程序轉移生父母的親權。生父母對孩子的權利義務將完全停止（包含探視以及扶養和繼承等）。

②依照《兒童及少年福利與權益保障法》規定，除近親收養（又稱親戚出養）與收養配偶之前所生的子女（又稱繼親收養）外，收養無血緣關係的孩子必須經由主管機關許可的財團法人、公私立兒童及少年安置、教養機構等合法收出養媒合機構進行評估後，再由他們來協助。

收養類型分為哪幾種：

①無血緣出養：指出養人、收養人與被收養人並無血緣關係。從民國一〇一年後，無血緣關係的收出養需經過收出養媒合機構（例如：兒福聯盟或者勵馨基金會等有承辦收出養業務的機構）來協助，無法私下進行出養。因此過去曾經聽到的，先抱來養養看這種情況在一〇一年之後就禁止了。

②近親出養（亦稱親戚出養）：指收養人與被收養人為六親等以內之旁系血親，或五親等以內之旁系姻親，且輩分相當者所進行的出養。

這收出養必須要符合「輩分相當」（不能「阿公」收養「孫子」當「養子」），並且符合「出養的必要性」（也就是這樣的出養是一個不得已對孩子最好的選擇）；也就是這樣的收出養要符合孩子的利益，無法只是因為沒有子嗣而進行收出養，需要評估養父母的各樣條件確實比生父母更適合孩子才可進行。

③繼親出養（亦稱他方收養）：指出養人將前次婚姻或前段感情的孩子出養給現任配偶。若將孩子出養給配偶，配偶需比孩子年長十六歲以上才可以進行收養。我個人因為實務經驗會建議再婚的夫妻，等兩年後，關係真實穩固了，再考慮收養配偶的子女。

以前收出養案件著重在收養人想要「有孩子」的利益，但現在著重在需要給孩子更好照顧教養的權利，因此在以前會因為親戚膝下無子，而讓孩子出養給親戚，目前實務都認為這個並不見得符合出養的必要性。在收出養的案件中，法官一定要評估「出養的必要性」，也就是原生家庭無法照顧孩子，必須以出養的方式讓孩子得到更好的照顧。依現行《兒童及少年權利與福利保障法》第17條之規定，法院認可收養案件前，必須調查有無出養之必要性。

收出養案件需要注意的事項：

① 若生父母尚未年滿20足歲，而有出養需求的情況，需要取得法定代理人或監護人的同意。

② 出養時即使你已經離婚或單方監護孩子，仍需要前夫或前妻的出養同意才可辦理。

為何收出養的規定如此繁複？

通常我們會因為非預期（非自願）懷孕、經濟狀況不穩定、照顧能力不佳、自身狀況或外在環境影響，進而使我們有出養念頭；但收出養足以影響生父母與孩子一輩子，需要仔細思考才能做出決定。因此在我們可能需要做出這樣的決定之前，或許可以想想有沒有其他的選擇？例如：親友支持體系或者社會福利服務。若現階段主要問題是經濟困難，或許可以向政府各單位或其他社福團體詢問，是否能申請相關的社會福利補助。如果這些經濟補助可以解決問題，是否就能選擇將孩子留下自己撫養？

避踩渣男地雷

通常大家會說某人是「渣男」，其中一點就是他沒有責任感，對感情或對關係裡的各樣義務不想負責任。時常聽到女方大喊「不公平」：為何我要犧牲，為何他不用。不是不用，而是他並不想要負責任。但說真的，他沒有責任感不是後來才如此，從你跟他交往的時候，就透露著端倪。

不少人在交往的時候，會發現對方看重成績、成就、權力、美貌或理想愛情感覺，更甚於你的感受。你也可以發現，這樣的人對於能以取巧或用小聰明占別人便宜達自己的目的，或認為自己擁有何種特殊待遇而沾沾自喜。

有時你亦會發現他們似乎缺乏同理心，不知道他們到底是不能還是不願意去認同別人的情感需求。這很常發生在那種從小到大都很卓越的人（也就是我們一般偶像劇裡的「高富帥」）身上，你以為找到一個白馬王子，殊不知他是白馬渣男。

如果從小家境優渥，或許他們可能從家人身上學到的觀念是「換女人像換衣服一樣簡單且頻繁」或者是「凡事都可用錢搞定」。如此，他待你也彷彿你是他花錢購買的其中一樣物品罷了，且他不會只買一樣，而是一直花錢一直換。

如果從小長得帥，身旁一堆主動的追求者，他們對於情感觀念或許只有享樂而沒有責任感；如果是從小功課好的學霸，或許從小就被教導只要念書，其他什麼都不用管。自然對他而言，孩子和你也不用他來管，出事了自然會有家人來負責。

親愛的，你一直夢想得到白馬王子嗎？但你需要明白，王子通常需要的是女僕般的服事，他們不習慣服務人。但你這位公主需要的是被呵護，所以當你要求王子負責任，王子即有可能秒變渣男。責任感對這類人而言是件很沉重的負擔。

3

媽寶渣男

- ✓ 從戀愛起媽媽介入
- ✓ 嫁娶全由媽媽決定
- ✓ 老婆是婆婆眼中釘
- ✓ 怎樣都是別人的錯

從戀愛起／媽媽介入

「我要離婚，我竟然嫁了一個媽寶！」

這位媽寶老公不只外遇，甚至對她進行各樣家暴傷害。她想離婚，也想爭取孩子的監護權，以及請求分財產和要對方賠償她這幾年的損失。原來，她不只嫁了一個媽寶，更是一位渣男！

十幾年前，她在婚友社裡認識一位「醫生」，原以為自己正一步一步踏上美夢成真的道路，殊不知，事情似乎和她想得不一樣：每次約會都是在對方家中，醫生媽媽總會參與，甚至幾乎都是媽媽在發話；由於沒多久懷孕了，只得選擇結婚。

籌備婚禮期間，不論是挑選婚紗、居家裝潢……各項大小事，醫生媽媽都強勢地參與其中，如果她的想法與準婆婆不一致，醫生未婚夫只會說一句：「我覺得我媽媽的想法很好呀。」為此他們也曾經吵得不可開交。

結婚後，婆婆更是照一天三餐打電話給她，不是關心問候，而是查勤，「你今天弄什麼給我兒子吃？」「你今天奶量多少（因為不能餓著金孫）？」「我在你家冰箱放了XX，記得晚上老公回來，要熱給他吃」……。

之後老公回家的時間越來越晚，情緒控管也越來越差，動不動就發脾氣，甚至開始有拉扯動作，摀牆、摔東西。她打電話向婆婆求救，公婆趕來，卻變成老公跟婆婆哭訴：「我在這個家裡壓力好大，受不了，我要離開」，婆婆問哪來的壓力……「孩子吵家裡亂，壓力好大。」「辛苦回家，飯菜不好吃，壓力好大。」「兩人房第不順，壓力好大」，千錯萬錯都是「太太的錯」……結果婆婆不是來教訓兒子，反而是跟著兒子一起數落媳婦。老公更變本加厲，每天晚上汙辱她，「就是因為你現在肥的像頭母豬，我連碰都覺得噁心。」「你的胸部根本像布袋，看了就反胃。」「沒身材，也沒技巧，真的很無趣。」後來才知道原來是老公外遇，想要離婚。

就在某次他聽到婆婆跟老公的對話。婆婆說：「說真的，要不然你就把她（小三）放在XX（另一間房子），我有幫你問律師，現在沒有通姦罪了，然後民事法官判的賠償也很輕，到時候給她（元配）一點錢就好。如果她受不了，就會自動離開，你的錢我已經幫你安排好了，放心，她肯定拿不到。」聽到這裡，她一股火上來，上前理論，結果被老公抓著頭髮撞向牆壁，「要好聚好散你不要，給你臉你不要臉」……。

「律師，我要離婚，你幫我，我要拿回這幾年我失去的……。」我問她什麼叫做「這幾年她失去的？」她說，「就是這幾年我應該有的工作收入，還有這幾年如果我繼續上班，應該會有的升遷機會」，她說：「法律欺負人。」我回答她，「不是法律欺負人，是你老公欺負人。」離去前，她悠悠地嘆了一口氣說，「媽寶真的不能嫁！」作為整個會議的結語詞。

孟玲律師的法律諮詢室

就老公名下婚後財產應如何處分？

婚後一方全職在家操持家務、照顧小孩，另一方作為家庭主要經濟來源，若結婚時並沒有做特別的財產制約定，就是所謂的法定財產制，當兩人要離婚時，有工作的一方，其財產會因勞務所得而增加（包含動產或不動產），全職在家者的名下財產卻沒有增加。因此會將有工作的一方名下財產增加的一半作為剩餘財產分配，要給另一方（全職者）；這部分財產不包含遺產繼承或受贈予或無償所得（例如中樂透）以及慰撫金（也就是損害賠償）。

若在離婚前就開始計畫脫產：夫妻一方想逃避分產給對方，而故意把名下財產賤賣、或直接移轉過戶給小三、小王等人頭，依《民法》一〇三〇條之3，另一方可以在「知悉受侵害」的2年內，或「法定財產制關係消滅」（死亡、離婚或財產制變更）5年內，在分配夫妻剩餘財產差額時，對相關財產追加計算。

贍養費部分該如何處理？

很多女性婚後為了家庭和孩子，選擇放棄自我實現的機會，但當雙方婚姻無法走下去的時候，司法實務判決卻無法將全職媽媽的犧牲當作損害賠償來具體量化判賠，因此很多婦女離婚後在經濟上面臨很大的挑戰。

時常有人問：離婚不是可以跟先生索要贍養費用嗎？很多外國影集中的離婚案件，動輒都是高額的贍養費用，讓我們誤以為在台灣離婚也可以擁有此待遇，其實不然。根據現行《民法》第一〇五七條規定，離婚若要向對方要求贍養費，需限於「無過失」、「夫妻之一方因離婚而生活陷於困難者」及「裁判離婚」之要件，這些限制易使婦女請求贍養費困難。

有鑑於婦女為家庭犧牲自我實現，到了中年婚姻遭逢變故，卻不容易請求到贍養費，因此在婦女團體的推動下，重申贍養費請求權的目的，是在於填補夫妻一方原本在婚姻關係存續中可以有扶養請求權，但如今卻因婚姻關係消滅，使得扶養請求權喪失及補償一方長期對婚姻家庭的貢獻，因此提出《民法》修正草案，期待未來這一系列修正條文順利通過後，協議離婚時也可以要求贍養費，並且不需要局限於自己在婚姻中必須要毫無過失才能請求。這對於全職媽媽應該是一種福祉。

現在婚姻基礎越來越不穩固，建議倘若婚後有全職在家操持家務或照顧子女的規劃，要與對方有婚前或婚姻的協議。不只是每月的家庭生活費用或零用金的約定，甚至針對如果離婚的話，財產處理也可以一併約定清楚，這樣才比較有保障。

避踩渣男地雷

處理這麼多婚姻案件，看過這麼多渣男地雷，會發現有一種渣男的渣是被養出來的，這種渣男叫做媽寶。

所謂的「媽寶」是指已經成年卻還沒斷奶的巨嬰，凡事以「媽媽」為中心，生活各樣事物均十分依賴媽媽，習慣由媽媽打理。成年後可能連生活費都由媽媽供應，少了獨立思考能力，缺少自信、沒有責任感，無法忍受出社會後的各樣不適與挫折。

媽寶在婚姻關係中絕對是幸福的殺手，因為一結婚你就先有個大孩子，他無法成為你的依靠，反而凡事都要靠你。

要怎樣判斷身旁的他是不是「媽寶」，可由以下面向來觀察：

㈠通常「抗壓性很低」

一個媽寶背後通常有極盡責的寶媽，從小到大所有事都是媽媽來，被照顧得無微不至。生命裡發生任何事都是「媽媽來」、「媽媽扛」和「媽媽幫」，因此媽寶！幾乎抗壓性都極低。

因此，不少媽寶很愛哭，甚至會不時跟他想要依靠的人撒嬌，那是因為他們仍舊是還沒長大的孩子。

㈡面對各樣事物通常無法自行做決定

由於寶媽總將孩子的一切全部攬在身上，包含幫孩子做所有的決定，因此，這樣的孩子凡事都會先詢問過媽媽的意見，長大後甚至連吃什麼，穿什麼都要聽媽媽的。

(三)很多媽寶對媽媽有盲目崇拜或依戀

其實不少媽寶在未和你交往之前，他的世界就只有「媽媽」。媽媽像是超人般，所以媽寶會把「我媽說……」、「以前我媽……」、「我媽都是……」當作口頭禪。甚至在與人交往時仍不避諱地覺得全天下女人就屬我媽最好，甚至長大成年後，不管有無婚姻或交往對象，每天都會迫不及待地將所有的事情跟媽媽分享，倘若沒有分享還會覺得很罪咎。

(四)大多「不擅交際」

被媽媽保護得太好的大孩子，不少人都缺乏一般該有的常識，甚至是生活白痴；他們的思維和應對會不經意地讓人想翻白眼，因此在人際互動上往往會出現問題，甚至退縮回到媽媽的羽翼下，嚴重地還需要媽媽幫忙出面和處理，這樣的媽寶也可能是習慣活在網路虛幻世界裡的宅男。

(五)很喜歡怪罪別人

由於媽寶從小被捧在手掌心上，吃東西嗆到是食物的錯，跌倒是地板的錯，考試成績不好是老師沒教，是考題太難，和女朋友吵架了，一定是女朋友的錯，千錯萬錯都不會是媽寶的錯。也因此，養成媽寶很會怪罪別人。

(六)很多婚後仍要和爸媽一起住

在此我要說明，不是每個婚後跟爸媽住的人都是媽寶，但媽寶婚後會執意要跟爸媽一起住。因為一起住，爸媽可以給予金錢支持或協助料理生活，他可以繼續在媽媽的羽翼下依賴。

親愛的，媽寶有時一開始是暖男，甚至讓你感覺他離不開你，會激發起你的母性；或是會覺得他很孝順，誤以為他很有責任感。但，除非你立志一輩子要當他的另一個媽，否則跟媽寶在一起，你會很累的。更讓你累的是，他的媽咪正宮會來跟你爭地位，你將永無安寧之日。因此，聽律師姊姊的一句勸，如果你現在交往的對象有以上的特質，請立馬踩煞車，好好認真觀察，倘若有高比例雷同，真的要三思！

嫁娶全由媽媽決定／

「律師，我受不了這一家子的病態，我要離婚。」

婚後婆婆三天兩頭來按鈴，一來是送食物，二來是幫他們打掃……她覺得壓力大，跟老公請求，拜託老公能否跟婆婆商量，結果老公說，「我媽這麼好的婆婆，你怎麼不懂感恩啊」。更離譜的還在後頭，婆婆幾乎每天都來，她的肚子越來越大，只想坐在客廳看電視休息，但婆婆一來就嫌家裡髒亂要她掃地、洗廁所，她起身跟婆婆說，「媽，您先放著吧，等X X回來，我讓他做……。」婆婆大怒說，「我生兒子出來是當老闆的，不是當奴才的，你怎麼能叫他做呢？你怎麼這麼不識好歹啊！」她覺得好委屈，只好躲回房間哭泣，好不容易等到老公回家，她跟老公訴苦，老公卻說，「我媽講的也沒錯啊」。

孩子生下來後，婆婆順勢說要幫忙帶孩子，當時她覺得不妥，就說：「媽，顧孩子很辛苦，我已經跟我媽說好了，她可以幫忙帶。」這時婆婆哭著說，「我們家的子孫不給別人帶」，老公站在婆婆那邊說，「對呀，這是我們的孩子，給我媽帶。」

緊接下來，婆婆幾乎用各樣軟性方法阻絕孩子跟媽媽的互動。下班她要去接孩子，婆婆說，「你身體不乾淨，先回家洗澡，晚點我們把孩子送回去」，晚點又說，「孩子已經睡了，明晚再送」，然後又跟他們提出「周末再帶孩子回家」……她表示，「這是我的孩子，我要自己照顧」，但老公卻說，「你是身在福中不知福，我們週末再去帶孩子就好，平常我們好好休息」……但她知道，這局她是節節敗退。

她決定跟公司談留職停薪，自己帶小孩，怎知婆婆竟然歇斯底里狂罵：「你這臭婊子，把我兒子搶走了，現在也要把我孫子搶走，你怎不去死一死……」，當下她簡直嚇壞了，牽著孩子頭也不回就離開婆家。

一回到家，跟先生講述婆婆的狀況，先生一副「一切都你自找」的模樣，甚至告訴她，「我媽對我們這麼好，你還有什麼好抱怨，莫名其妙」。

接下來的一個月，婆婆就像鬼魅一樣每天都來按門鈴，打算將孩子搶回去；若她不開門，婆婆就狂敲門到鄰居出面。婆婆甚至跟鄰居說，「我這惡媳婦真是不要臉」，然後又打電話去她公司，說要找老闆，說她是「惡妻惡媳」……對此她已經無法忍受，這一個月所有的咆哮都有錄音，再加上之前的驗傷紀錄，隔天一早，送孩子上學後，便到警局去報案作筆錄。這個家早已不是她的家了。老公打電話給她並不是詢問狀況，反而責備說，「你鬧夠了沒，那是我媽耶！你馬上撤案！」她很心痛，因為老公徹頭徹尾就是個媽寶，根本保護不了她。

最後本件因為有提出刑事告訴及保護令，在協議離婚以及取得孩子的監護權之後順利落幕，女方也撤回對婆婆的刑事告訴。在走出法院的那一刻，身為前媳婦的她微笑地對前夫以及前婆婆說了句「再見」。她終於可以擺脫媽寶魔咒，也終結這場變態的爭鬥，她終於可以好好過生活了。

⚖ 孟玲律師的法律諮詢室

針對離婚後，未成年子女的監護權在司法實務上，時常運用的標準是什麼？

法院通常會依據幾個項目作為判斷的標準：小孩的需求和意願、父母客觀條件及意願、合適的成長環境。至於在實務上，有六大原則是判斷「未成年子女最佳利益」的標準：

㈠繼續不變原則

先前誰是孩子的主要照顧者，若沒有重大照顧疏失，並且之前的主要照顧者仍有意願繼續照顧，法院較傾向讓之前的主要照顧者繼續照顧。

㈡子幼隨母原則

若未成年子女屬襁褓中的嬰孩，而母親有親自哺乳或親自照顧的情況，可能會因哺乳及依附關係的因素，優先讓母親擔任監護權人。若在三歲之前，依附關係建立在母親這方，也較容易讓母親擔任監護權人。

㈢子女意思尊重原則

若子女已達清楚表達意願之程度（大概七歲左右會被認為能夠清楚表達），會給予有表達意願或陳述意見的機會，確認並尊重子女的意願。

㈣父母適性衡量原則

考量未成年子女的最佳利益，會評估父母雙方的健康、品行、職業、經濟能力、生活狀況，以及父母子女間的感情。就雙方各方面進行整體的衡量比較，看誰比較合適擔任子女的監護人。

㈤手足不分離原則

若有數名兄弟姊妹，除非父母經濟能力不足，無法全部一起照顧或因為某些原因父母對各子女的照顧意願有落差（例如，爸爸要照顧兒子，媽媽要照顧女兒）外，容易傾向讓父或母同一人照顧，讓子女們能不因父母離婚而被強迫分開。

㈥友善父母原則。

為避免父母雙方在親權酌定的案件中，互相爭奪或相互阻撓，甚至惡意攻擊對方等情形，這對未成年子女的身心和情感是一種傷害，法院可依照父母雙方彼此的互動，評估哪一方較為善意，善意的一方將被視為較能符合未成年子女的最佳利益，以此作為判斷標準。

由於目前越來越多雙薪家庭，不少人會好奇，如何判斷誰為主要照顧者？實務上會由以下幾點來作為判斷依據：

① 大多時候是誰為孩子準備餐點？

② 大多時候是誰為孩子洗澡更衣（如果孩子還小）？

③ 大多時候是誰為孩子做各樣才藝學習規劃？

④ 大多時候是誰為孩子接送上學或補習？

⑤ 大多時候是誰為孩子哄睡和叫他們起床（如果孩子還小）？

⑥ 大多時候是誰在管教及規範孩子？

⑦ 大多時候是誰為孩子指導及檢查功課？

⑧ 大多時候是誰在處理孩子醫療事務？

⑨ 大多時候是誰為孩子購買衣物等？

⑩ 大多時候是誰為孩子理財規劃？

若針對類似本案例的不理性家屬（含血親和姻親），建議可以蒐集證據聲請保護令，有時需要立界線，否則永無安寧之日。就保護令核發的內容包含：

① 禁止實施暴力

② 禁止騷擾、接觸、跟蹤，通話、通信或其他非必要的連絡

③ 命相對人遷出住居所

④命相對人遠離特定場所

⑤給付醫療、輔導、庇護所或財物損害費用

⑥命相對人完成處遇計畫（例如認知教育、兩性關係教育、心理輔導、戒癮等）

⑦命相對人負擔律師費

⑧禁止相對人閱覽被害人戶籍、學籍、所得來源等資訊

⑨其他內容。

針對不理性的親屬，只要有證據可以證明曾有家暴行為（包含肢體和精神傷害），除了可以勾選一般的「禁止令」外，若有證據證明對方會到住家或工作場所騷擾，可請求「遠離令」，甚至是「遷出令」。此外，若能證明對方有情緒等問題，甚至可以請法院命對方處遇計畫。

∴ 避踩渣男地雷

在面對與媽寶的婚姻，若不只是單純老公軟爛，而是對方有一個強勢且欲將魔爪伸進家裡的原生家庭，他們兩邊就像宿主一樣，一個表達「我需要你」，一個說「讓我照顧你」，這樣的關係除非有一方願意改變，否則很難打破。這種「依賴」是很可怕的無底洞，婚前他依賴爸媽，婚後他不想成為家庭的支柱，反而想要繼續當個依賴者，若你能說服自己這一切就當作是今生的修行，否則我建議你要開始主動立界線。

結婚成家了，這個家自然和原生家庭有各自獨立的關係；這個家的主權應該是「夫＋妻」。跟是否孝順無關，孝順是指對長輩的尊重心意，而非任由長輩無止盡的介入。但諷刺的是，媽寶渣男往往沒有人我界線的概念，事實上，他們對於界線毫不在意。

習慣凡事讓媽媽來介入處理，自然覺得有媽媽幫忙是件幸福的事情，但事實上，「幫忙」是幫可以幫的忙，幫了之後就離開，而非幫完之後全然介入，否則容易演變成「掌控」。寶媽習慣掌控老公和兒子；兒子結婚後，她仍舊將自己放在不健康的依附關係中，想要繼續幫忙兒子和媳婦，將媳婦變成她掌控的延伸；若媳婦對這假借幫忙之名行掌控之實的作為有意見，易形成家庭糾紛，此時婆婆都會用無辜的聲音說：「我只不過想要幫他們，這樣有錯嗎？」「我都沒有跟他們拿生活費，反而給他們房子住，幫他們帶小孩，我這樣做有錯嗎？」我想這樣的幫忙基本上沒有錯，但幫忙之後沒有華麗轉身，反而繼續卡在兒子和媳婦之間就有錯，因為這裡應該要有界限。

在你立界線之時，倘若正面臨著長輩一哭二鬧的戲碼，打算用孝順等框架進行道德綁架，記住，只要你沒有忤逆，只要你沒口出惡言，只要你沒有惡意不奉養（而非同居），你就不要將這不孝的大帽子扣在自己的頭上；當你和顏悅色並且堅定地將關係界線立好，時間久了，大家就能在有界限的關係裡互動。

現在很多小倆口想成家都要倚靠原生家庭的資源，包含經濟或人力，因此容易讓原生家庭在支援的同時，將手伸進關係裡。所以立好界線的第一步，就是要經濟和人力獨立；若無法獨立，就很難將界線設立清楚，也很難真的彼此尊重。

老婆是婆婆眼中釘

「律師，我受不了我婆婆，也受不了媽寶的老公，我要離婚。」

男女主角都是「師」字輩的專業人士，且男方整個家族亦是「師」字的專家：男主角的父親曾是此「師」公會的理事長，開立一間事務所，而男主角的哥哥、姐姐以及嫂嫂和姊夫也都是「師」，大家共同在男主角爸爸的事務所裡工作。

男主角是老么，從小就深得媽媽、哥哥姐姐的疼愛。兩人認識時，男主角剛申請到博士班，但後來不知怎麼回事，念了將近十年，只聽見男生一直抱怨某某教授如何如何或者某某同學如何如何，眼看班上同學都早已拿到學位了，他就是無法，最後只好放棄，直接到父親的事務所任職。兩人談了好幾年的戀愛，結婚就像是順理成章的一件事，但婚前，未來公公說，「只要是我們家的人就得一起在事務所打拚，這樣才能同心。」不顧女主角婚前已在國內前三大事務所工作，且深受老闆賞識，不得已只能辭職轉入這間「家族事務所」。由於她過去的歷練，累積很好的口碑，爲「家族事務所」帶來不少案件，孰知，後來發現事務所沒有給付薪水，只有配給，只因為大家都是一家人。為此她跟老公抱怨過，覺得如此不妥，但老公說，「我們一直都是這樣，你怎麼那麼愛計較啊」。

還記得剛交往的時候，每次到男主角家，總感覺男主角媽媽眼中射出來的都是箭；她跟男主角說，「你媽媽是不是不喜歡我？」男主角說，「不會啦，我喜歡的，我媽就喜歡。我媽人真的很好，她很愛我，你不要多想。」

婚後，男主角希望兩人每天晚上回媽媽家吃飯，女主角說，「我們有自己的家，我們需要練習自己持家。」男主角卻說，「我媽煮得很好吃呀。」後來，女主角因工作忙下班晚，於是男主角天天回家吃飯成為順理成章的事，女主角開始自己解決。慢慢地，男主角在爸媽家待的時間越來越晚，甚至到了女主角熟睡後才回來。

婆婆不斷催促兩人生孩子，結婚幾年仍未見動靜，婆婆去算命，說女主角沒有子女緣，從此之後，婆婆便對女主角使出各種不同臉色。接著，她發現老公好像跟某位女客戶過從甚密，她提出抗議，婆婆卻嫌棄她不識大體；緊跟著老公提出離婚，因為女客戶懷孕了。婆婆對她說，「你沒辦法生孩子，有什麼好講的。對啦，外遇是不對，但孩子是無辜的，你們就離一離吧。」

聽到婆婆這番話，想到這十年的交往以及婚後這幾年的付出，她表明希望能談財產分配，沒想到渣男老公說，「分什麼分，哪有什麼可以分。」因為全部都在「家族事務所」裡，連住的房子都在「投資顧問公司」名下，從頭到尾這個家族就是秉持著一個原則：「你的就是我們的，我們的還是我們的」。原來這幾年，當談論到薪水或績效時，她是這家族的一份子，所以不能計較；但當老公外遇時，她只是一個生不出孩子的外人。說穿了，「原來，我只不過是這家族事務所的長工，從頭到尾，他們都沒有把我當成一家人。」

⚖ 孟玲律師的法律諮詢室

目前越來越多離婚案件附加請求剩餘財產分配：

① 夫妻雙方結婚前所有的努力幾乎就是為了兩人的未來，有了孩子以後更努力賺錢，期望擁有美好的日子；但離婚，就是雙方爭取孩子監護權，以及分配雙方婚後的財產。在雙方婚姻存續期間，法律規定夫妻財產制度包含分別財產制、共同財產制以及法定財產制。在台灣，一般夫妻很少有人約定分別財產制或共同財產制，故夫妻財產制會依照法律預設的「法定財產制」之規定。依《民法》一〇三〇條之1的規定，當法定財產制關係消滅時，夫或妻現存的婚後財產，扣除婚姻關係存續中所負債務後，若有剩餘，雙方剩餘財產的差額應平均分配。但因繼承或無償取得的財產，並不計入婚後財產。

② 剩餘財產分配制度的設計是考量配偶在婚姻中的無價付出（包含互相

扶持、分工、家事勞動的貢獻），讓另一半能無後顧之憂地累積婚後財產。因此婚後增加的財產，增加較少的另一方有權請求分配。

③剩餘財產分配請求權的時效為兩年，從離婚（或一方死亡或財產制變更）時開始計算，須及時行使其權利。

④另一半離婚前故意脫產，按法律規定，自離婚前回溯五年內所故意減少他方剩餘財產分配的財產，應歸回計算，但為履行道德上的義務者不在此限，例如：扶養親屬等等。

剩餘財產分配之「貢獻度」考量：

①不少外遇者或已經分居多年，或一方不務正業成天賭博，或在家沒有幫忙家務反而增加負擔者，在法庭上，另一方總主張外遇者是如何「失能、失格」，法院卻依舊裁決夫妻財產一人一半，並無酌減。在實務上，的確發生諸多不公平的現象。

②《民法》第一〇三〇條之1新修正，第二三四款的規定：如果在婚姻中的一方對婚姻生活沒有貢獻（例如終日遊手好閒，還讓太太邊工作邊照顧小孩），或有其他狀況導致剩餘財產分配按照二分之一分配不公平的話（例如一方把財產拿去賭博或藏匿借名或脫產，而導致離婚訴訟時，若他可以來分對方的財產，這樣顯然不公平），依照條文規定，可以請法院調整或免除。也因為「剩餘財產分配請求權」是專屬於配偶身分才有，所以不能讓與給別人請求，也不能成為繼承的標的。

③本次修法打破以往離婚時夫妻的剩餘財產以「平均」比例做為分配的原則，加入考量夫妻彼此在婚姻期間的「貢獻度」。至於「貢獻度」可分為四方面來觀察：夫妻對家庭各種事物的貢獻度、對家庭經濟事務的貢獻度、夫妻對家庭其他事務的貢獻度，以及夫妻對財產增加的時間貢獻度，這四方面「貢獻度」涵蓋了婚姻中的家務分工、養兒育

女、收入等日常事務。

為減少夫妻在離婚時的財產分配問題，建議雙方能在婚前進行協議與諮商，就未來財產規劃先行協議，此協議不只就金錢（包含父母贈予財產或房地買賣登記在何人的名義等）部分，還包含未來孩子的姓氏、家務分工、收入如何分配，以及若一方有外遇或家暴等情事發生，該如何處理，甚至若不幸發生離婚，財產分配方式等均可以事先約定，期待夫妻未來不要為此產生不必要的紛爭。

避踩渣男地雷

不知為何現今的婚姻裡，蹦出越來越多的媽寶炸彈。如果又碰到兒子結婚後，媽媽仍堅持不讓座，硬要在兒媳關係裡插足，婚姻肯定有很多波折。但歸根究柢，就是身邊這男人太依賴和無主見，或許可以從以下幾點看到蛛絲馬跡。

①一開始會發現他很溫暖，但久了就知道其實他是個過度求取別人撫慰或支持的人，因此他會做些違背自己意願的事情，但事後又會對此抱怨。

②因為害怕失去支持或認可，而難以對他人表示反對，尤其對於過去依附的母親，更是言聽計從。

③對於日常生活的領域和事務，若沒有他人的幫助，他無法做出決定，更無法承擔責任，導致千錯萬錯最後都是別人的錯。

恰巧的是，有時人的互相吸引就是這麼微妙。一開始他什麼都願意做，其實不是溫暖，只是沒主見，過度依從所產生的假象。而這般依附的狀態，往往容易勾起女生「照顧人」的母性，所以在交往的當下，會將男友所有的依賴行為，當作是愛的溫暖解讀。

結婚後，你會發現生活大小事，連溝通的責任都推給對方，自己作為鴕鳥，甚至還想像自己是受害者。這樣的依賴往往會配上一個過度掌控的母親，至於，母親為何會想跟媳婦搶兒子，是因為這對母子早已有了強烈的共同依賴，當母親對兒子的操控進入到滴水不漏的程度，說真的，媳婦連搶的資格都沒有；有時甚至連媳婦也成為婆婆要掌控的對象。面對過度依賴的媽寶，千萬不要以為你的愛能改變他。他永遠會覺得媽媽比你更愛他：老婆可以換，但老媽只有一個，所以倘若現在的你尚處在交往階段，那麼給你一個友善的建議，即「當斷則斷」；否則未來你不只要打婆媳的仗，更有一個永遠要賴在你身上的大兒子，你真的會無比疲累。

怎樣都是別人的錯

「律師，我要告XXX，他強暴我。」

一位年輕的妹妹被人在飲料中下藥迷姦，面對當事人，我十分敬佩，因為這是一段辛苦的歷程，不只是辛苦的訴訟過程，更是心理的煎熬。

這位勇敢的妹妹，來事務所之前就已經整理好她想跟我說的話，她遞上整理好的文字：

他是我單位的同事，平常很談得來，大夥時常聚在一起吃吃喝喝。我知道他在追我，有時我會跟他兩個人單獨出去。那一天，他說想要拍照，希望我當他的模特兒，我答應了。拍照完，他說要請我吃飯。我沒有多想，就買了東西去他的租屋吃飯。吃著吃著，我不知怎麼就覺得頭好暈，恍惚間我感覺有人壓著我，接下來發生什麼事情我已經記不太清楚了。等我醒來，就覺得身體很疼痛並且衣服都被脫掉了，他說他很喜歡我，但我根本沒有想過要跟他發生關係，我急忙穿好衣服，逃離那地方。

回到家之後，我衝到廁所，拼命洗刷自己，覺得自己好髒。我也不知道我在廁所裡哭了多久，這件事情我不敢跟爸媽說，接下來的時間，我時常做惡夢，也不想去上班，甚至想要辭職，但這公職是我辛苦考上的，只能勉強自己，假裝若無其事的上班。可是我怎麼都沒有想到，他竟然拍下我的裸照，用這要脅我跟他交往，我擔心他會把裸照或其他影片公開，只好委屈跟他在一起。但每一次他要求性行為，我就覺得噁心；若拒絕他，他就威脅我，我真的很想死。

就這樣隔了半年多，媽媽發現我不對勁，我受不了跟她說。我請媽媽先帶我去醫院驗傷，然後就來到事務所……。

我問她事發後有沒有跟閨蜜提起這件事，她說沒有。我再詢問雙方的對話裡是否有提到當天發生的事情，她說「對方有在 Line 上面跟我說對不起」，我看了雙方的 Line 對話，從中尋找蛛絲馬跡。

我問她對方有沒有給她看裸照和影片，她也將對話紀錄找出來……。我向她說明，這將是一場艱辛的硬仗，不只是訴訟程序，這件事情也可能被曝光，朋友或公司都會知道。我請她必須要先有心理準備，她說，「律師，我要他被關起來，因為他是個大混蛋。」看著她的勇敢，我握著她的手說，「我們一起努力」。

接下來的程序中，那位強暴渣男的母親次次陪同出席，更不知打哪得知我的聯絡方式，時常打電話給我，希望我能勸當事人放了兒子一馬，然後哭訴說自己是孤兒寡母非常辛苦。之後因為知道和解不成，便開始說，「拜託，你自己願意跟我兒子出去，怎麼能說是他強暴你呢？」「他也是喜歡你才會這樣做，這也是一種欣賞。」「拜託，聽說你也不是處女了……」。越講越離譜，我拒絕再接對方的電話，後來發現原來當事人並不是第一個受害者，過去對方也曾用類似的方法傷害其他女性。這群妹妹們很願意站出來作證，希望我能幫她們出一口氣。案件順利起訴，「律師，你知道嗎？就是你跟爸媽告訴我，這不是我們的錯，該走的應該是他，不是我，幫助我勇敢站出來，現在的我才知道原來還有其他受害者。律師阿姨，謝謝你。」

孟玲律師的法律諮詢室

約會強暴會涉及哪些刑事法律的責任?

① 一般在約會時，若有已違反意願（都已經說不要），卻被強制或暴力或用威脅或恐嚇等方式而強迫性交或者猥褻（還沒有到達性器插入），可能已經觸犯《刑法》第二二一條強制性交罪或《刑法》第二二四條強制猥褻罪。若是強制性交者，可處三年以上十年以下有期徒刑，若是強制猥褻者，處六月以上五年以下有期徒刑。

② 倘若有所謂的「迷姦後大家輪流性侵」或者「用毒品或迷幻藥後性侵」、「性侵後也被性虐待」、「拍裸照或性影片而進行散布」，這些都屬加重其刑部分（《刑法》第二二二條和二二四之1），可處七年以上有期徒刑。若有以上情形的強制猥褻者，可處三年以上十年以

下有期徒刑。

若約會對象為未成年者呢？

① 若約會對象是未滿16歲的人而與他（她）進行性交或猥褻，不管有無違反其意願，均屬《刑法》第二二七條的範圍，也就是在未滿16歲以前，即或對方同意與你發生性關係，仍觸法，並且是重罪。

② 若加害者屬於你的親屬長輩，或老師教授，或者教練，或是你的醫護人員或者在公司屬於你的主管，在這樣的關係裡的妨害性自主案件，則屬《刑法》第二二八條的規定部分，加害者可能被處六月以上五年以下有期徒刑。若屬猥褻之行為者，可處三年以下有期徒刑。

以上這些法條，若是未滿十八歲的的人犯了第二二七條者，屬於告訴乃論（也就是在六個月告訴期內要提出刑事告訴，檢警才會開始偵辦）。其餘（年

滿十八歲者）均為非告訴乃論罪，不需要告訴人提出告訴，只要有人告發，檢察官就必須要偵辦。

姊妹們請記住，若發生這樣的事情，第一步絕對不是清洗也請不要著急換衣服，而是去醫院驗傷和採檢體，這樣可以知道當時的受傷資訊以及未來可證明是何人的DNA。並且要能取得當時的資料，包含場所的錄影資料，或者你們雙方聯絡的資訊，以證明對方確實有「妨害性自主」的情形。

∴ **避踩渣男地雷**

目前約會強暴的案例越來越多，原因除了目前情感界線越來越模糊外，不少約會強暴的加害者有暴力或強制等偏差心態，並且較多數都有性別刻板印象，例如認為女人喜歡性暴力，或者認為女性說「不要」，其實心裡是「要」等的錯誤認知。因此，要如何避免約會強暴的發生，就是重要的課題。

①　不論是在何處交友認識，建議注意平時言談，自己不要有愛開跟性暗示有關的言談，如此會讓對方誤會，也會讓自己陷入危險。

②　若是在網路交友認識對方，初次見面時，建議避免單獨赴約，並且選在公共場合；避免第一次約會就到對方家裡或者是隱密的旅館等場所。赴約後，可以在對方面前致電給友人，告知你現在正與誰在一起，如此會讓對方較不敢造次。

③　若還沒準備好要與對方進入性親密關係，約會時盡量不要單獨在對方或自己的住處，也避免在旅館、汽車、密閉式包廂等地方。

④　約會時，請盡量避免接觸酒精或藥物。許多約會強暴起於酒精或藥物

這類容易讓人發生難以抗拒的感官變化，因此若在約會時喝了酒，可請親友親送回家；若在約會中有點飲品，務必要注意：離席後再返回座位時，這時的飲料盡量不要再飲用了，不少案例都是趁離席時，在飲料中下藥。

⑤ 不要害怕，堅定拒絕。在親密關係上「不要就是不要」，不管雙方當時與你的互動狀況到哪個階段，只要此時此地不想發生性行為，就可以清楚的說「不」，請對方給予尊重。不要因為害怕對方受傷而不敢拒絕，反給對方空隙，得寸進尺。

⑥ 約會時建議各自付款，也避免一味接受對方請客，或者收受貴重禮物及金錢借貸，否則很容易讓對方誤以為接受金錢或贈予就代表同意與他發生親密關係。

倘若遇到約會強暴該怎麼辦？

①千萬不要過度掙扎引起加害者暴力相向，而遭受更大的傷害危險。

②事發請不要因為覺得「骯髒」就立即回家清洗或將衣物丟棄。

③盡可能地保留相關證據，如：保險套、擦拭過的衛生紙、沾有精液或體液的衣物等，甚至到醫院去驗傷、採檢體，留存證據。

④要跟對方有Line等聯繫，讓對方能在對話中承認這些事情。

⑤請家人朋友陪同至警察局報案處理，不要私自找人出來處理，反而容易被對方拿來大做文章。

在「約會強暴」事件中的加害者其實會有哪些徵兆：

①這類加害者在約會期間，你會發現他情緒變化過大，例如突然大吼大叫或兇暴無理，或者你發現他對動物有虐待的情形，此時你的天線雷達要立刻升起，因此對方可能具有暴力傾向。光拉長觀察期，避免太

快進入到親密關係，甚至必須預作心理準備及撤退之路。

②這類加害者會先出現語言暴力，例如貶抑、輕視、不斷攻擊弱點，之後漸漸可能產生肢體攻擊。

③面對這類人，千萬不要以為「他就是太愛我才會這樣做」。這不是愛，建議要做「安全分手」的打算，所有的過程都需要有人陪同，並且需要事先與親友作臨場應對的演練。

面對約會強暴的被害人，請記住：一定要讓她知道「你沒有錯」。被害人需要的是你的同理和安慰，而不是指責檢討，甚至批判。不少性侵受害者，身心會出現焦慮恐慌或憂鬱狀況，若有這類情況請務必就醫和接受心理治療，讓專業團隊陪同你一起走這段辛苦的路。

4

霸道渣男

- ✓ 沒安全感時時監控
- ✓ 我想要怎樣就怎樣
- ✓ 我愛你就要得到你
- ✓ 離婚後仍全面掌控

沒安全感／時時監控

「律師，我怎麼這麼倒楣，一直遇到渣男，而且一個比一個渣。」

離開渣男前夫後，她告訴自己要盡快找到一個完全不同類型的男人，後來在工作上認識一個男人，小自己幾歲，感覺很特別，很溫暖，對她很好，讓她真的有種被呵護的感覺；兩人激情浪漫滿檔，她真覺得自己遇到了真命天子，兩人拍攝了許多親密照片和影片，作為愛的紀念和確據。

沒多久，她發現這男人占有欲很強，企圖控制她所有的行蹤，整天懷疑她跟別人亂來：她發現自己好像掉入「恐怖情人」的網羅。於是開始疏遠他，希望能好聚好散，甚至為了要遠離對方，離職、搬家，封鎖與他的任何聯繫，就是希望他能完全消失在自己的生命裡。

但某天，朋友說收到有她頭像的各種猥褻照片，照片上還寫明公開約砲的字眼；她的電話號碼和臉書等資料也被公開了，不少奇怪的帳號在她臉書上留下詭異的留言，甚至她發現自己好像被網路跟蹤了。再不久，有些親密照（男人的部分全部處理過）流露出來，這些種種都讓她直接聯想到就是這個男人做的，於是她主動與他聯繫，但對方卻狡猾的說，「我不懂你在講什麼，我們不是都分手了嗎？你在外面到底有多少姘頭？到底跟多少人約砲？這跟我有什麼關係，你就是賤，就是欠人幹！」

我把這些資料做法律的分析，對於這類網路犯罪，基本上需要仰賴網路警察的協助。我對她說，「依照目前我國的法律，即或被定罪，量刑都不重。」她聽到幾乎要崩潰，我接著說，「目前各國都在修正法律，想要將網路上的性暴力納入保護範圍，希望未來不論是刑度或保護機制皆能提高且完善。」她哭著說，「律師，我只是想要談段感情，為什麼會落到這樣下場！」我只能拍拍她的肩膀，安慰她，這確確實實是一個折磨。

就在我們提出刑事告訴後，經由檢警單位的偵辦，確認是他所為，這時他提出和解想法。我給了一個建議，要和解等起訴後再說，因為這樣就有個紀錄。最後，本案的確起訴後和解，我們加上高額的違約金約定，雖然知道未來若對方違反約定，我們想要執行這條違約金條款並不容易（因為對方一定會比現在更狡猾，我們能取得證據的難度有可能會提高），但現階段這對當事人來說或許是一種保障，讓這樣的違約條款可以成為對方的外控拘束力。

孟玲律師的法律諮詢室

這幾年不少情侶在分手後，一方為了報復，而在網路上進行各種層出不窮的性暴力事件。就手邊曾經處理過的案例，大致上可以分為以下幾種：

①分手後心有不甘，而傳送各種具攻擊性或恐嚇性的訊息。

②分手後透過各種網路工具，以猥褻文字、聲音、圖畫、照片或影像等資料，傳送給他人。

③分手後以散布曾經拍攝親密影像為手段，向對方進行勒索、恐嚇或脅迫。

④利用新媒體各樣技術，將人臉合成到色情影片或照片上，並且散布公眾。

目前我國法律針對這些網路性別暴力的行為，雖然會以《刑法》

第三〇四條、第三五八條、第三三五條、第三一五條、第三一〇條、第二一六條等罪偵辦，但刑度頂多2～3年，且多數可以易科罰金，對加害人根本起不了嚇阻作用。對受害人而言，在非自願的情況下被曝露於眾，對方卻逍遙法外，等於身心再一次受創。最近因為網紅利用軟體將名人頭像合成在A片裡，造成諸多名人提出抗議，連總統都發言不能再輕視，期待未來修法能加重刑責以及提高損害賠償額度，並增加各樣保護受害人的法律措施。

由於網路暴力犯罪越來越嚴重，目前政府單位亦對「數位／網路性別暴力之定義、類型及其內涵」有以下的規範：

㈠定義：

是指「透過網路或數位方式，基於性別的暴力行為。」也就是針對性別而施加他人之暴力或不成比例地影響他人，包括身體、心理或性之傷害、痛苦、施加威脅、壓制和剝奪其他行動自由等。

㈡類型及其內涵：

1／網路跟蹤：

①對於他人反覆實施跟蹤騷擾行為，致使他人感到不安或畏懼，如：傳送攻擊或恐嚇性電子郵件或訊息；對於他人網路留言，發表攻擊性言論等。

②跟蹤或監視他人活動，如：透過手機GPS定位或電腦、網路的使用紀錄等方法為之。

③監視、蒐集他人網路活動或資訊，進而違反他人意願與之接觸等。

2／惡意或未經同意散布與性／性別有關個人私密資料：

個人私密資料包括文字、聲音、圖畫、照片或影像等。

3／網路性騷擾：

①未經同意逕將猥褻文字、聲音、圖畫、照片或影像等資料傳送他人，如：傳送具露骨性意味之電子郵件或簡訊；於社群網站或網路聊天室發表不適宜或具侵略性挑逗言論等。

②對於他人實施《性別工作平等法》、《性別平等教育法》或《性騷擾防治法》所定義之性騷擾行為。

4／基於性別貶抑或仇恨之言論或行為：

①對他人之性別、性傾向或性別認同等，發表貶抑、侮辱、攻擊或威脅等仇恨言論。

②基於性別，對於他人之行為或遭遇，進行貶抑或訕笑，如：穿著性感、婚前性行為或遭受性騷擾等。

③鼓吹性別暴力。

5／性勒索：

以揭露他人性私密資料（文字、聲音、圖畫、照片或影像等）為手段，勒索、恐嚇或脅迫他人。

6／人肉搜索：

透過網路搜索取得與散布未經他人同意揭露之文字、聲音、圖畫、照片或影像等私密資料。

7／基於性別偏見所為之強暴與死亡威脅：

基於性別偏見，以強制性交或加害生命之事恐嚇他人，使他人心生畏懼者。

8／招募引誘：

是指運用網路或數位方式進行人口販運，如：佯稱提供工作機會，或使用盜用圖片、內容製作虛假廣告，引誘他人賣淫；抑或從事人口販運者，利用網路聊天室等傳遞人口販運的訊息或進行廣告等。

9／非法侵入或竊取他人資料：

非法侵入他人電腦或相關設備，以觀覽、取得、刪除或變更他人個人資料等，如：侵入網路攝影機取得他人影像資料等。

10／偽造或冒用身分：

偽造或冒用身分，以取得他人個人資料、侮辱或接觸他人、損害他人名譽或信用、遂行恐嚇或威脅，或據以製作身分證件供詐欺之用等。

未來司法及行政單位針對以上的網路性犯罪，將有各樣的立法或修法，以對被害人更有保障。

∴

避踩渣男地雷

有一類渣男一開始對你很暖，甚至把你當女王一樣，拜倒在你腳邊，下一秒又把你貶抑得一文不值，甚至他自己說過和做過的事情都會被扭曲，讓你搞不清楚究竟怎麼了。這類的渣男會有以下幾項特質：

① 人際關係模式很不穩定，時常在「吹捧」和「貶抑」這兩個極端裡擺盪。

② 由於情緒過度反應，也常造成情感狀況的不穩定，可能會突然暴怒、

或焦慮或憂鬱，但往往來得快去得也快，沒多久就換了一張「沒事了」的臉。

③ 他們會有強烈和難以控制的憤怒，時常說「誰叫你惹我」，「如果你不XX，我也不會這樣」。

④ 甚至他們會有短暫的妄想（懷疑你與人有染，懷疑你跟別人在他後面說他壞話，懷疑你想要離開他……）。

面對這樣的對象，雖然他時常會說就是因為太愛你了，才會如此。請記住：所有的懷疑、猜忌、憤怒等，都不是愛。

記得之前幫這當事人處理前夫外遇時，當她一拿到離婚確定證明書便打電話給我，哭著說了很多話，最後她說，「我一定要很快交到一個比他更好的男人」，「我要讓感情成為療癒的藥物，我在那男人身上浪費太多時間，我要好好談幾場戀愛，把失去的都追回來，就算沒有結果，我想一定不會比這渣男還差……」。之後，她的確談了幾場戀愛，卻無疾而終，直到遇到最後這個恐怖情人，不只人財兩失，簡直就是身敗名裂。她悔不當初，看到網路上這些影像被大家瀏覽，她簡直痛不欲生，一直問我，「為什麼我就是遇不到好男人」，我跟她說，「妹子，給自己兩到三年療癒期，等自己整體狀況都健康了再來談感情，因為花香蝴蝶自來，否則吸引到的又是蒼蠅蚊子。」

我要告訴你，不管過去你的狀況如何，千萬不要想著下個男人一定會更好，而是要先讓自己比之前更好，因為只有你真正復原了，真正健康了，才可以跳脫過去的模式，真正擺脫渣男，有健康安全的幸福。

我想要怎樣就怎樣

「律師，我要離婚，我還要告老公強暴我。」

婚後，先生只要遇到太太外出超過一小時，就懷疑她在外與人有染，返家時不準她進家門，需要將內褲脫下來讓先生檢查，這狀況連孩子都知道；先生甚至還讓孩子幫忙去拿，讓她感覺被羞辱，但為家庭和樂，她咬牙隱忍。

晚上只要先生回家，不管小孩睡著了沒有，他想要做愛就必須要；若太太說等孩子睡了再說，他便勃然大怒、摔東西咆哮，太太為了安撫先生，只能咬牙配合。一開始想著就是配合而已，後來先生開始要求太太模仿A片動作，包括口交吞精等，還要太太在每次性交的過程中，不斷出聲保證，「我只愛你一個人」、「我只給你一個人」，令太太痛苦萬分。

也不知從何時開始，先生越來越晚歸，一開始她很慶幸，雖然朋友都明示暗示她「先生可能在外有新歡」，但太太心想，只要錢有拿回來，性生活這檔事讓別人來處理，她可以接受。現在的她好害怕聽到先生回家的腳步聲，這表示今晚又有凌遲的戲碼要上演了，這是她無法逃脫的折磨。

怎知，先生返家後並未消減性欲，反而變本加厲要求更多「重口味」，包含A片中性虐待的方式；只要她拒絕，先生暴怒下便一周不回家，任憑家裡各樣開銷唱空城（先生不幫太太辦理信用卡，全部都是先生支付或者先生將家庭生活費用放置一處讓太太取用）。當太太跟先生要求生活費，先生竟說：「那就得看你的表現了」。於是乎，她為了家庭各樣開銷，只好強忍配合。她邊說邊流淚，「我覺得自己好像妓女」。

這兩三年先生因業外投資失利，便時常在家歇斯底里的吵鬧，搗毀家中物品（他說都是他買的，他有權破壞）；如果她「頂嘴」，先生就無預警地帶孩子離家。為了能順利照顧孩子，她跪在地上磕頭說，「我錯了，請原諒我」。可是如今她無法再忍受了，想要跟先生提出離婚，先生拿出一疊她私密處的照片和影片（以前先生強行留下的）說，「你這輩子別想離開我」、「只有我不要你的時候，才可以把你這賤人丟掉」，「我不要的東西，我就弄爛」，就這樣她開始出現各種身心不舒服的狀況，友人建議她向社福團體求援。

在檢視過所有證據資料後，我給了她一些建議，她說，「律師你知道嗎？我現在很害怕，因為我老公說，他要跟我玉石俱焚。」「我老公說，……」，我看著她那恐懼的模樣，握著她的手說，「你老公說歸說，但他說的不見得能如願。」「就算他真的這樣做，不用怕，我們一起來面對。」

當一切就緒，準備開戰後，太太很焦慮在每個程序中可能會面臨的狀態，我向她一一解說，司法程序中對於受到性侵的被害人有各樣保護措施，讓她放心。在刑事案件中，被告（先生）主張這些是夫妻間的親密行為，並且說是太太喜歡「重口味」，他僅是配合演出；又說拍攝照片和影片是太太的主意……但當我們提出雙方對話以及錄音等，對方立即改口，「她是我太太，本來就有義務滿足我」。法院的判決給先生上了一堂很好的婚姻教育，太太並沒有滿足先生性需求的義務，因為這樣的性是侵害，不是愛。

⚖ 孟玲律師的法律諮詢室

「親密關係中的性暴力」包含層面很廣，從行為最外顯的強制性交，到用各樣方式，包含用經濟控制或恐嚇等，控制女性使用身體的自主權（例如「如果你不讓我XX，我就不給生活費用或我就帶小孩走」，也包含強迫在不想要的地方，用不想要的方式性交）。

在二十餘年處理婚姻案件的經驗中，很多在婚姻內的女性，都以為自己有義務要全力配合或滿足對方性需求，甚至配偶也會用《民法》的夫妻互負同居義務，來要求對方滿足自己的性需求。但這中間其實有很多迷思需要釐清：

① 首先，《民法》的「同居義務」，是指夫妻雙方原則上有同財共居的義務，也就是共同居住，而非共處一室，更不是一定要發生性行為。

並且倘若一方實在不願意與他方共同居住，不管有無法律上的理由，法律也沒有賦予對方可以強迫履行的權利，頂多是對方可以依此主張離婚的事由。

② 當我們討論「婚內或親密關係的性暴力」時，不僅著重在身體虐待與脅迫暴力上（也就是一般熟知的家庭暴力），更要談違反個人意願的強迫性行為，因為這將會造成受害者潛在的精神、情緒以及自我認知等傷害。

③ 在親密關係的性暴力中，我們需要先界定「非雙方合意下的性行為，是性暴力，而非性愛，更不是愛」。而所謂的非雙方合意，包含場合、時間以及方式，也就是倘若一方希望在客廳，但另一方不想；或者一方希望現在，但另一方希望等孩子睡著後；或者一方希望用A片的動作，對方不想；在這樣的情形，都不屬於「雙方合意」，因此一方若有強迫對方的性行為，都算是強制性交。

④「婚內強制性交」往往是在一種不對等的性別暴力下產生的行為。在過去不將此訂為犯罪行為，是因為文化習俗、社會型態，或者在傳統的婚姻觀念以及男女性別觀念下，認為太太有滿足先生性需求的義務，但現在受到平權思想的影響，每個人對於身體擁有自主權，包含性的自主權，因此可以拒絕任何人，當然包含配偶，只是這樣的拒絕會不會影響婚姻，就是另一個問題了，但不能因此認為先生就有權對太太予取予求。

因此，大多數國家從二十世紀末便開始把婚內強制性交定為犯罪行為，而我國的司法實務判決，也有關於婚內強制性交的起訴或判決案例產生。因此即或在夫妻關係中，即或先生以各樣方式要求與太太發生性行為，只要太太不願意，先生若用強行的方式，或者用太太不願意的方式進行性行為，都屬於強制性交的概念。只要有證據舉證，理論上應屬成罪。

我國在《性侵害防制條例》中有關於性暴力受害者的司法流程規定，也越來越傾向盡力保護受害者，不在司法流程上使其受到二度傷害，包含：驗傷取證需要得被害人同意、被害人的個資予以保密（包含以代號來稱呼等方式）。在偵查或審判中，可有相關人士陪同，且審理期間將被害人與被告隔離……這些程序的保障就是期望幫助受害者減少心理負擔。

∴

避踩渣男地雷

在我執行律師業務的經驗中，像本案件這樣的渣男其實不少，衣冠楚楚的，根本看不出來他會是如此，其實這樣的渣男通常會有以下的狀態：

① 在過去的言談中，可能時常聽見他懷疑他人在剝削或欺騙自己。

② 倘若擔任老闆或業務領導，會時常沒道理的懷疑身邊人對他不忠誠，甚至會一直浸淫在這樣的思維裡。

③ 有時候會莫名的恐懼，認為自己被跟蹤或電腦被駭客或電話被監聽等。

④ 別人對他的友善言語，時常會解讀成為對自己的貶抑侮辱，然後對別人充滿敵意。

⑤ 與他人有親密交往或結婚後，時常在沒有證據的情形下，懷疑伴侶對其不忠。

基本上這樣的渣男，他的核心思想就是「多疑」和「敵意」，而背後真正展現出的是對自己的沒自信，進而衍生出的無安全感，因此對於周圍所有善意或中性的訊息，都會解讀成是對自己有害的內容，因此會有超過現實的「被害」恐懼。

在一般親密關係中的性暴力，時常聽到施暴者說，「我就是因為愛你，才會害怕失去你」，「我就是因為愛你，才會這麼想跟你發生關係」，「我就是因為愛你，所以才想找更刺激的來嘗試」……或許這些是施暴者以為的愛，但這不是正確或健康的愛所該有的方式；這是一種掌控，一種強迫，一種傷害。

這樣的掌控和傷害，不論是掌控者和傷害者都慣於用「因為愛」來予取予求，唯有關係中的一方願意勇敢立界線，拒絕這樣以愛之名，行滿足私欲的掌控，這種不健康的關係才有可能改變。能尊重別人和維護他人的界線，愛才能剛剛好，不能假借愛行侵犯和占有，否則便會失去了最基本的尊重。

在立界線的一開始一定會讓對方感到憤怒，甚至會說，「你是不是在外面……，所以現在想要拒絕我」，甚至不斷對你謾罵咆哮。不要怕，因為你知道並不是如他所講，你只是在關係裡立界線，因為關係是需要相互尊重的，若沒有尊重，就談不上真正的愛。過去的你不知道立界線，因此他敢登門踏戶地強迫你，但現在的你立了界線，開始學習說不，久了，他就學習到原來需要尊重你的「不要」，不管未來雙方是否仍是夫妻，這學習對彼此關係是相當重要的。

我愛你就要得到你

「律師，我被學校老師跟蹤騷擾。」

女主角是班代，因而與講師有比較多的互動。學習期間，講師曾邀約幾位學生一起出遊，她是其中一位。起初她不以為意，與男友分手後，講師的暖心關懷，使兩人有了較多私底下的互動。某日晚上兩人一同共進晚餐後，講師作勢要吻她，她閃躲，因為她並不想發展這段關係。從那晚之後，她就刻意跟講師保持距離。

原以為事情就這樣落幕，但講師似乎不肯放棄，每天送一份早餐到她住處。她婉拒，講師就說，「因為你是外地生，我剛好要吃早餐，所以順手幫你買一份」。後來她乾脆把早餐送給同寢室友，她也告訴講師，「老師，你不要再送早餐給我了，因為我不吃早餐。」免去早餐，講師又用其他的名義，幫她找各科的考題和講義，然後找她和其他同學共同組讀書會；她婉拒，想躲著講師，講師卻每天打電話給她：「為什麼不參加讀書會呢？」最後她直接對老師說，「老師，你對我太好了，我無法招架，請你不要再打電話給我。」

之後她結交了新男友。男友出現後，講師便不再跟她聯繫。原以為事情落幕了，沒想到同學開始收到一些匿名的信件，內容講述女主角跟前男友的私密事情，當中又有女主角和前男友的私密照片……她以為是前男友搞鬼，但前男友說，「我沒事發這幹嘛，不是我。」她想了想覺得講師的嫌疑最大，她當時曾經向講師訴苦。她前去找講師詢問，講師矢口否認，淡淡地說：「你找我只有這件事情嗎？」

之後同學又收到她日常更衣等影片，她前後思索究竟誰在偷拍。她憶起講師曾經幫她修筆電，會不會在筆電裡安裝可以偷窺的程式……自己越想越害怕，於是向校方提出性平申訴，案件雖然在調查，但手中所持有的證據並不多，頂多只能證明講師對她關心超過尺度，至於是否構成校園性騷擾，校方持保留態度。她原本以為講師會多少收斂行為，沒想到他變本加厲，開始跟蹤，完全不在意她或男友知道；卻很聰明地只在「遠方凝視」，但對女主角而言，已經造成內心極度恐懼，她又向學校提出求救；校方調查時，奈何講師十分清楚如何避免校園性騷擾的具體事證，且一臉無辜地說，「學校附近就這麼大，怎麼能說我在跟蹤她呢？」這次又無疾而終。

這一回她決定跟男友找講師攤牌，講師仍舊一派冷靜說，「身為老師，我關心學生不對嗎？」男友一時氣不過，一拳揮向老師，反而給老師機會，前往醫院開立驗傷單，反告男友。雙方在法院和解，受害人變成加害人。

折騰一番之後，她輾轉找到我，她問我：「律師，難道真的要等我出事，國家法律才能給制裁他嗎？」我與她分析手上資料可以證明哪些事情，又與現行法律有哪些關聯性，以及可能會有些什麼罪責。我跟她模擬一些狀況，給她一些策略和建議。《跟蹤騷擾防制法》草案有望在二〇二一年通過立法，等法通過，若能證明講師的行為屬跟蹤騷擾，即屬「犯罪行為」，可以判處三年以下有期徒刑，並且如果在兩年內繼續進行此行為，就可以聲請保護令等。聽到這裡，女孩看著我說，「那我得有命等到那時候才可以啊！」聽到她這番話，我無言了，因為這是多少被跟蹤騷擾的受害者一路的心聲。

這幾年接到不少諮詢，都是被跟蹤騷擾這類案件。一開始受害者都會認為是不是自己太敏感，而不敢求救，在很多犯罪實務上會發現，跟蹤騷擾經常是重大犯罪的前兆（例如：妨害性自主案件或殺人案件等），且與致命危險有高度相關。跟蹤騷擾具備「發生率高」、「危險性高」、「恐懼性高」和「傷害性高」四大特徵，對被害人日常生活及身心安全都具有相當程度的破壞性與危險性。我國立法院在民國一一〇年十一月十九日通過的《跟蹤騷擾防制法》（以下簡稱跟騷法），在第三條將騷擾行為定義為，人員、車輛、工具、設備、電子通訊、網際網路或其他方法，對特定人反覆或持續為違反其意願且與性或性別有關之下列行為之一，使之心生畏怖，足以影響其日常生活或社會活動。

在條文中將八種行為樣態視為「跟蹤騷擾」：

①監視觀察：監視、觀察、跟蹤或知悉特定人行蹤；

②尾隨接近：以盯梢、守候、尾隨或其他類似方式接近特定人之住所、居所、學校、工作場所、經常出入或活動之場所；

③歧視貶抑：為警告、威脅、嘲弄、辱罵、歧視、仇恨、貶抑或其他相類之言語或動作；

④通訊騷擾：以電話、傳真、電子通訊、網際網路或其他設備，進行干擾；

⑤不當追求：要求約會、聯絡或為其他追求行為；

⑥寄送物品：寄送、留置、展示或播送文字、圖畫、聲音、影像或其他物品；

⑦妨害名譽：告知或出示有害其名譽之訊息或物品；

⑧冒用個資：濫用特定人資料或未經其同意，訂購貨品或服務。

但由於本次修法將課予處罰的騷擾行為須與性或性別有關，也就是未來受害者不只要證明加害人有以上八種行為類型，也要證明對方對你的跟蹤或稍擾與性或性別有關，也就是例如：對方有妨害名譽的訊息或者有用通訊進行的騷擾，而這些訊息要與性或者性別議題有關，才會屬於跟騷法要處罰的行為。若單純就是妨害名譽或尾隨或嘲諷，但不予性或性騷擾或性別等議題有關，就不在跟騷法要處罰和保護的範圍內。

由於跟蹤騷擾有時不見得只針對受害人，甚至連受害人的配偶或親屬也被盯上，所以條文規定「對特定人之配偶、直系血親、同居親屬或與特定人社會生活關係密切之人」，以前一項的方法反覆或持續為違反其意願而與性或性別無關的各項行為之一，使他們心生畏怖，足以影響其日常生活或社會活動，亦為本法所稱跟蹤騷擾行為。

跟蹤騷擾行為本身就是犯罪行為，因此針對跟蹤騷擾者有刑事處罰的規定：

① 實行跟蹤騷擾行為者，處一年以下有期徒刑、拘役或科或併科新臺幣十萬元以下罰金。這屬於告訴乃論，也就是必須在事發並且知悉何人所為後六個月內提出刑事告訴。

② 攜帶凶器或其他危險物品犯前項之罪者，處五年以下有期徒刑、拘役或科或併科新臺幣五十萬元以下罰金。這不是告訴乃論之罪，因此沒有六個月告訴期的限制。

《跟騷法》不只處罰跟蹤騷擾者，就被害人部分，《跟騷法》規定，如果經警察機關書面告誡後兩年內再進行跟蹤騷擾行為，被害人可以向法院聲請保護令，若經法院調查後認定有跟蹤騷擾行為之事實，可以核發以下內容的保護令：

①禁止相對人為第三條第一項各款行為之一，並得命相對人遠離特定場所一定距離。

②禁止相對人查閱被害人戶籍資料。

③命相對人完成治療性處遇計畫。

④其他為防止相對人再為跟蹤騷擾行為之必要措施。

∴避踩渣男地雷

針對跟蹤騷擾部分，許多婦女團體以及司法行政單位做出許多文宣，我謹將內容綜合整理：

倘若感覺被跟蹤騷擾，該怎麼辦？

㈠在感覺被跟蹤，寧願相信自己的直覺，並開始進行各樣的求救行動：

①行走在有監視器的大馬路、街道，或周邊會裝設監視器的場所，包括便利商店、派出所警察局、公家機關等。

②盡量不要固定停同一個位置，變換位置讓人無法定點跟蹤。

③躲進派出所、店家尋求協助。

④在汽車前、後裝設行車紀錄器。

(二)感覺在住家或公司附近被盯梢跟蹤時

①避免落單，請同事、同學、親友、家人協助於上下班或上下學陪同或接送。

②在住家或公司前裝設監視器，加強門禁，拿出對方照片告知大樓管理員或保全人員予以協助，共同商討各項防範措施。

③請主管或老闆調整職務或職務調派，例如由外場改為內場。

④請同事或公司總機協助過濾電話。

⑤避免與同事、親友、同學講述居住地點，必要告知時，得同時請她／他們保密。

(三)感覺自己的通訊（包含網路或社交軟體）被侵入跟蹤時

①若對方打電話來騷擾，不要掛斷，保持通話狀態，若環境允可，拿著手機到警局報案。

②電話通聯紀錄有6個月限制，接獲對方騷擾電話可留下通聯紀錄的證據，最好申請雙向通聯紀錄，列印存檔。

③設定拒接來電號碼。

④經常變更電腦和網路以及社交軟體的帳號和密碼。

⑤改掉隨時打卡和張貼照片或發布動態訊息的習慣。

⑥避免使用親密伴侶贈予的手機、汽車、導航設備等，並且關閉導航系統。

㈣其他事項

①寧願相信自己的直覺，馬上撥打110報警求助。

②告知家人、朋友、同事、老闆被跟蹤或騷擾，需要協助，也要跟相關親友討論各樣安全計畫。

③打113或向所在地的縣市家庭暴力暨性侵害防治中心諮詢。

④隨身帶著防身器材，例如防身警報器、噴霧劑或口哨等。

⑤錄音、錄影或留下簡訊，並拍照作為具體證據。

在現今社會，面對跟蹤騷擾課題已經不再是可用「你怎麼胡思亂想」一句話輕描淡寫的帶過，反而應該要提高警覺，警慎小心，對外求援。

離婚後仍全面掌控

「律師，我想要改定監護權，從共同監護改成單獨監護，因為我受不了他的掌控。」

這一對是高學歷的「怨偶」，兩人都是碩博士，婚後育有一個兒子，但之後也跟許多離婚案件一樣，一方外遇。男方跟指導的學生發生不倫戀，女方發現後質問男方，誰知他非但沒有一絲悔意，反而開始訴說女方的各大罪狀（包含對公婆不夠孝順，對孩子不夠盡心，不夠國際化，太愛錢，沒有生活情調，年幼喪父原生家庭不好，女方……）。

在未成年子女的監護權上，因為兩人都很愛孩子，也認為孩子較愛自己，加上社工訪視的報告內容中指出，孩子希望「跟爸爸和媽媽一起居住」，因此當時法官建議雙方朝「共同監護」，然後交由女方單獨照顧。因此男方主張在共同監護下，他可以擁有的權利。當時我們主張，因為男方的個性「特殊」，雙方無法共同監護，但法官認為，「你們需要學習做友善父母，給彼此一個友善對話的機會，就從共同監護開始，如果真的不行，再來聲請改定」，就這樣雙方離婚了，孩子由兩人共同監護，但由女方主要照顧。

經過三年，男方並沒有跟外遇的對象在一起，據說後來當時的小三有主張被男方家暴（兩人曾經短暫同居），最後不歡而散。女方在這三年考上國內研究所博士班，一邊工作一邊帶孩子，也有了新的交往對象，但自從男方知道女方有新的交往對象後，便不斷在孩子面前灌輸「你媽媽要跟別的男人在一起，她不要你了」，且在臉書上用各樣方式隱射女方行為不檢點，甚至在每月匯款到女方帳戶的備註欄上都寫著「弊去」（英文辱罵語）字眼，也開始不斷告誡女方，「你不能帶我們的小孩去跟別的男人約會，自己要去跟別人亂搞是你的事，不要把我的小孩也一起帶去亂搞。」然後開始傳「被男友性侵」的各種文章連結給女方，甚至要小孩跟爸爸報告媽媽的行蹤，再跟小孩說，「你媽的男朋友會性侵你，那是渣男，你們要遠離，不可以靠近他」……。面對這些騷擾，女方說：「律師，我想聲請保護令，我已經不是他太太了，我不需要接受他的汙辱和掌控……」，最後我幫她順利取得保護令。

有了保護令之後，他開始要求女方每天跟他報告孩子的各樣學習狀況，且就孩子的每件事情都要問說，「你為什麼要讓他們這樣？」然後每天要她檢討為什麼孩子沒有辦法「滿分」……。兩人對孩子的教育理念不同，女方跟男方說：「既然在我這裡，請你尊重我的教育方式，好嗎？」但男方說，「拜託，我是美國XX大學博士，而你只是台灣XX大學碩士，你現在就只顧你自己，只顧著談戀愛，孩子在你這裡，只會越來越爛……」，如果繼續跟男方說，「你如果那麼厲害，你就自己顧小孩……但你無法，輪到你照顧時，都是你媽媽去接他們，你每天都十點多才回家，你就只是用嘴巴養小孩，命令你媽接送和餵養。你媽媽願意，是你們的事情，但我已經不是你太太了，請你尊重我的管教，好嗎？」從此，男方開啟一連串的 Line 謾罵，女方受不了封鎖他。封鎖了 Line，他就傳 Message，最後，女方只好拿出保護令讓他住嘴……女方說：「我受不了，我要聲請單獨監護權」。

想不到開庭的時候，男方在庭上痛哭：「我的孩子好可憐，他們被迫要跟我分開……」，女方說，「當時你外遇，是你要求要離婚，你當時希望我們離開……」。男方說，「為什麼我說要離婚，你就要同意，你難道不知道當時的我就是昏了頭嗎？要不是你那時在鬧，我哪會這麼生氣，如果你不吵鬧，事情過了，我就回來了，小孩就不會被迫分開了……是你害大家變成這樣。」聽到這裡，真是開了我的眼界——千錯萬錯都是別人的錯。

孟玲律師的法律諮詢室

雙方離婚案件中，最常遇到兩方都想爭取未成年子女的監護權，因為任一方都覺得自己最適合。未成年子女親權該如何酌定？

依照《民法》第一〇五五之1條第一項規定的內容，綜合判斷哪一方符合未成年子女之最佳利益。包含：

①子女的年齡、性別、人數及健康情形。
②子女的意願及人格發展需要。
③父母的年齡、職業、品行、健康情形、經濟能力及生活狀況。
④父母保護教養子女的意願及態度。
⑤父母子女間或未成年子女與其他共同生活之人間的感情狀況。
⑥父母任一方是否有妨礙他方對未成年子女權利義務行使負擔的行為。
⑦各族群之傳統習俗、文化及價值觀。

其中的第六項就是所謂的「友善父母」條款。這是近年來在酌定未成年子女監護權的重要因素。

「友善父母條款」的定義是什麼？

「友善父母條款」認為，即使雙方就算做不成恩愛夫妻，但為了子女身心利益，仍要努力做友善合作的父母，強調子女與父母雙方保持良好互動的重要性。為了維護子女的最佳利益，仍應透過會面交往的方式，允許子女與另一方之父母維持密切聯繫。若將子女親權交由對他方較為友善之父母行使，子女將有較大的機會與另一方保持緊密接觸。因此，所謂友善父母條款即是法院在決定親權行使時，將父母對於他方是否「友善」，亦即是否允許子女與他方持續頻繁的互動，列入重要的考量。

在實務上哪些會被認為「非友善父母」？

㈠用各樣方式阻撓對方探視，包含：

①故意在對方探視時間上排滿補習或出遊，目的是為了減少對方與孩子會面交往的時間。

②故意在對方探視時間前攪擾子女情緒，讓子女哭鬧，導致對方無法順利帶走子女。

③ 故意將對方以及對方的親友妖魔化，甚至說對方住處有壞人或有鬼，導致子女因恐懼害怕不願與對方會面或同住。

④ 在未得對方同意之情形下，故意把未成年子女帶到外縣市給親友照顧，增加對方探視的困難。

⑤ 直接拒絕對方探視，也不告知子女現在何處。

(二)在未成年子女面前不斷講述對方以及其家人的種種負面評價（例如：外遇，沒有給生活費用等），或許會說講述的都是事實，但對於未成年子女而言，被強迫灌輸自己父母是「壞人」，這對其人格成長是有壞處的。

(三)不斷問孩子到底比較愛誰？甚至時常暗示「你不乖，我就要把你送去對方家」，這些都對未成年子女無益，會被視為非友善父母。

友善父母的認定不只以有無阻撓對方與未成年子女的會面交往，也包含雙方互動以及有無對未成年子女灌輸敵意他方的語言或意識。因為孩子要的不只是父母對他們的關愛，更要從父母身上學習如何去愛。

避踩渣男地雷

現在越來越多「掌控性渣男」出現在婚姻案件裡，這些人大多是卓越型的男性，說真的某種程度上是很吸引人的。

① 不管是學業或事業，凡事必負自己的責任，對於別人也要求要照自己的方式。

② 非常自律，打扮也整齊乾淨，並保持環境整潔，井然有序，對於別人也是如此要求。

③ 自我要求甚高，不停挑剔自己，好還要更好，對於別人不夠好，也會

給予指責。

④ 做任何事必有自己的計劃，不會跟隨別人的想法，甚至會用盡方法要求別人順從自己的計畫和想法。

⑤ 要按照自己的時程規劃，對突然發生的事十分排斥，會表現心煩、憤怒。

這些特質在職場上，很容易完成目標和績效，也很容易在職場上成為耀眼的一名，更會因此吸引不少異性的欣賞，因為大家總是在找偶像劇中的霸道總裁。

這樣的霸道總裁或者學霸，當你和他一起生活時，他們慣於把職場那一套全然搬入家庭裡，跟他相處的你會發現壓力超大：

① 家裡必須保持乾淨、有秩序，所有東西都必須放在固定的地方，也要

求家中的每一個人要守規矩，若家人無法遵守，便會有一堆的訓斥，因為他的標準才是王道。

② 對於清潔或安全，會有過於常人的堅持或擔憂，也會因為這些原因，限制家人或孩子與他人的社交。

③ 從來不說甜言蜜語，倒是喜歡雞蛋裡挑骨頭，經常性地批評別人的不好，好像沒有一個人、一件事是令他滿意的。

④ 對於別人做的事總是不放心，然後一面重做，一面罵人，不停絮絮叨叨地念。

⑤ 十分要求子女及配偶要很努力進取，如果發覺沒有進步，就會非常不滿意，甚至表現出憤怒。

跟這種掌控型的人在一起，除非你也喜歡被掌控、安排一輩子，否則「立界線」是需要學習和練習的，因為在關係裡需要學習彼此尊重。若自以為「就是因為愛你，才要幫你這樣……，幫你那樣……」。喜愛為別人安排，甚至擅自決定別人應該要如何回應「如果你愛我，就要照我說的去做」，這就是操控。沒有界限和尊重的愛，其實是控制和支配，不是健康成熟的愛；因為成熟的愛，是允許別人與你不同，更允許別人不照著你的期待去行，因為我們都是不一樣的個體。

5

恐怖渣男

✓ 愛我就疼不愛就殺
✓ 你怎麼可以不愛我
✓ 音速變臉戲劇人格
✓ 就要你不能離開我

愛我就疼／不愛就殺

「律師，我遇到恐怖情人了。」

女孩在網路上認識男友，沒多久兩人同居了。男友大她五歲，國外大學畢業，家境優渥，平常靠投資股票、期貨賺錢，出手大方，追求時名牌包或數萬元的大餐從不手軟。她以為自己真的是灰姑娘遇到王子，從此要過著幸福快樂的生活，同學也好生羨慕她。

同居沒多久，男友開始出現各樣怪異舉動，只要兩人吵架，他就會開始鬼哭神號般的歇斯底里狂叫嘶吼，然後自己撞牆，甚至會拿刀劃手腕；

某次兩人在車上起口角，男友猛踩油門，然後兩手一攤，任由車子蛇行，他說，「反正兩人都不要活了，就刺激一點吧！」女孩嚇壞了，不停在車上尖叫。

近來兩人養了一隻小貓，有晚他們吵架，男友手揪著小貓到陽台，作勢要把牠從樓上往下扔，女孩要制止，男友說：「除非你跪著認錯」，她只好下跪認錯，因為她不忍小貓枉死。

這些事情一件一件地發生，但每次吵完，男友都會回過神來，跟她認錯：「我錯了，你原諒我好不好？」又溫柔又激情，讓她疑惑到底哪一個才是真正的他。

之後，有天放學回家她看到餐桌上放著火鍋，男友招呼她過來一起享用，她隨口問這是什麼，男友淡淡的說「Poki」（貓的名字），她衝到廁所看到一堆血跡和貓的屍體……男友還淡淡的說著，「味道還不錯」，她直覺腦門充血，腸胃翻攪直作嘔，廁所的恐怖景象印烙在腦海，久久揮之不去。

那一刻，她終於知道自己遇到了恐怖情人，她開始思索要如何離開他。男友彷彿也嗅到這氛圍，開始採取24小時監控模式：上下學接送，要求手機開定位，回來就搜查包包和檢查手機通聯紀錄，查看任何與外界的連結；只要有讓男友起疑的對話，他便歇斯底里咆哮，甚至會摑掌或拉扯她的頭髮……。若沒有查到異狀，隔天他便餽贈大禮，甚至還會邀請她在學校的好友一起吃飯，創造兩人神仙眷侶的假象。

某日上學途中，她聽到男友與別人通話，打算要再養隻貓，她整個人都崩潰了，當天便鼓起勇氣告訴同學，然後向學校求救，連結社工尋求庇護。

當社工帶著女孩和同學來到事務所，她把所有證據（包含貓屍體影像、火鍋，以及男方承認殺貓的錄音、女孩被打時候的錄音和照片等）一一提供給我們。我驚訝的問她，「你怎麼會有這些證據（因為她的手機等等每天都被檢查）」，她露出一絲笑容說，「他聰明，我也不笨啊。」因為證據充分，順利取得保護令。

在過程中，她說，「吳律師，我知道我做錯了，我只不過想要一份愛，要一雙凝視我的眼，要一雙擁抱我的手，要一個可以停泊的避風港灣，卻萬萬沒想到，我竟然遇到了惡魔。」看著她微亂的頭髮、驚恐的神情，我能體會那種心力交瘁和恐懼。

孟玲律師的法律諮詢室

遇到恐怖情人可否聲請家暴令保護？

先來說明究竟保護令能夠提供給遭受到恐怖情人的受害者怎樣的保護呢？依照《家庭暴力防治法》規定，就恐怖情人的暴力侵擾，可申請以下規範：

① 禁止施暴者對於被害人、目睹家庭暴力兒童及少年或其特定家庭成員實施家庭暴力。

② 禁止施暴者對於被害人、目睹家庭暴力兒童及少年或其特定家庭成員為騷擾、接觸、跟蹤、通話、通信或其他非必要的聯絡行為。

③ 命施暴者遠離下列場所特定距離：被害人、目睹家庭暴力兒童及少年或其特定家庭成員的住居所、學校、工作場所或其他經常出入的特定

場所。

④命施暴者交付被害人或特定家庭成員的醫療、輔導、庇護所或財物損害等費用。

⑤命施暴者完成加害人處遇計畫。

⑥命施暴者負擔相當的律師費用。

⑦禁止施暴者查閱被害人及受其暫時監護之未成年子女戶籍、學籍、所得來源相關資訊。

⑧命其他保護被害人、目睹家庭暴力兒童及少年或其特定家庭成員的必要命令。

也就是倘若能聲請保護令，對方不能再對你有任何侵害騷擾行為，有可能命令對方遠離你或遷出你們共同的住居地，也可命令對方支付某些必要的費用（例如醫療、生活費用等，甚至包含律師費用），禁止對方查閱你的個人資料，若兩人有未成年子女的話，也可對子女有必要的保護（包含監護權的暫時酌定）。

當你遇到「恐怖情人」，沒有什麼好猶豫的，就是「離開」，「一定要離開」。但要如何離開就必須有智慧。若恐怖情人有肢體和精神暴力的狀況，建議在離開階段就要聲請民事保護令。

1／並非每個恐怖情人都可以對其聲請保護令，要看你跟這位「恐怖情人」的交往程度如何而定。就民國一〇五年二月以前，一般保護令所保護的家庭成員包含：

①配偶或是前配偶

②曾經同居或是現在是同居中的關係

③現在或曾是直系血親或直系姻親

④現在或曾是四等親內的旁系血親或姻親

2／很多恐怖情人基本上並無同居關係，但是對另外一方親密伴侶而言，其身心遭受各樣暴力威脅卻無法申請保護令是何等令人感嘆，因此《家暴法》修法時便有將「未同居的親密伴侶」納入保護的考量，因此在民國一〇五年修法通過的《家庭暴力防治法》第六十三之1條，只要是滿16歲，遭受到「現有或曾經有親密關係卻未同居之人」，以身體或精神上不法侵害者，也可以成為保護令的庇護對象！

3／只要蒐集好各項證據，包含你們曾經有親密關係的證據（如你們交往的照片以及對話等），以及他對你的肢體暴力和精神暴力的證據（包含驗傷單、傷勢照片、他破壞家具的照片等，或是他辱罵咆哮的錄音或錄影檔，以及Line對話等），並在報警時向警察機關申請保護令，這樣就可透過公權力去限制恐怖情人的行為，使恐怖情人遠離你與家人的生活圈，保障人身安全。

對於恐怖情人，除了聲請保護令消極尋求保護外，有無積極利用《刑法》的可能，讓恐怖情人得以受刑事制裁，這就要看恐怖情人的暴力行為為何？

①　若恐怖情人的暴力行為，包含妨害性自主犯行，可備足證據資料，提出刑事妨害性自主的告訴。

②　倘若恐怖情人的暴力行為，包含傷害犯行，可備足證據資料，在事發六個月之內提出刑事傷害之告訴。

③　倘若恐怖情人的暴力行為，包含恐嚇犯行，可備足證據資料，提出刑事恐嚇的告訴。

④　倘若恐怖情人的暴力行為，包含公然侮辱或妨害名譽的犯行，備足證據資料，在事發六個月之內提出刑事妨害名譽之告訴。

∴ 避踩渣男地雷

由於網路發達，很多感情都是從網路雲端萌發。在雲端上呈現出的多是非真實的自己，但實際交往後，這種虛實整合正是恐怖情人面具揭露的時刻。

不少恐怖情人會從極具戲劇張力的危險愛情開始，這種愛情多伴隨旋風般的激烈開端。開始於過度瘋狂的追求與奉承討好，一開始讓人毫無招架之力，但亦可能代表著對方的不擇手段，也代表其中一方不尊重另一方的隱私與感受，在日後可能會成為施虐者。

恐怖情人的特質，整理如下：

① 戲劇性人格，情緒轉變極大。

②情緒不穩定、思想及言論都十分偏激。

③占有欲及權控欲望強，凡事都要順從自己的要求。

④不易為自己的犯錯感到抱歉或自責。

⑤對別人的需要很冷漠，很少對他人表示關懷。

⑥有習慣性的自傷或自殘、容易動手傷人。

⑦對於傷害人或動物的影片很有興趣，也可能會有虐待動物的行為。

由於恐怖情人時常是「暴力」、「激情」、「溫柔」、「悲情」、「權控」等交織在一起，讓受害人雖然想要逃離，卻無法順利達成。當你想要逃，對方就會用其他苦情哀兵的方式，讓你心軟又覺得「他一定會改變」。但「暴力」其實是一種癮，除非有外控機制，否則他是無法靠自己下定決心而改變的。

親愛的，任何暴力都是不對的，更不能以愛之名行暴力之實。愛就要保護，怎麼可能會又愛又害呢？這種暴力和傷害的愛不是健康的愛，而是病態和自私的愛。千萬要記住，真正愛你的人不會用惡毒話語辱罵你，不會用各樣方式傷害你，因為真正愛一個人會極力想保護她。一旦你容許一次，就會有無數次發生。因此，現在請你站起來，對外求救，這樣才能終止這些你不需要承受的暴力。

你怎麼可以不愛我

「律師，我想要請你幫忙我結束這場婚姻。」

一位當事人來到事務所，想要我們協助處理她的災難婚姻。雙方是在網路上認識的，透過臉書交往，見面不超過十次就決定結婚了。當時的浪漫羨煞所有人，以為原來網路交往仍有幸福可期。誰知賞味期一過，女方幾乎用落難的方式對外求救，希望我們為她處理這場災難婚姻。

詢問所有的原委始末後，我給了她整套的保護令還有離婚等的專業建議。雖然大家不斷跟她說，藉由這次的暴力，她剛好有驗傷單，就可以訴請離婚，但她突然對離婚有諸多的「可是……」，因此我建議她可以先聲請保護令，至少進可攻，退可守。她同意了。

保護令案件開庭，由於我們在訴狀上已經整理出女方在婚姻期間的受暴證據，法官簡單詢問男方是否如此，男方一副不置可否的態度；此時女方說，「他動不動就以房子是他的，將我趕出去。」男方回答，「這房子本來就是我的，她如果住得那麼不開心，就出去啊！」

法官問，結婚後，這不就是兩個人共同的家嗎？此時男方無言，女方啜泣，我則在旁安慰。婚姻出問題，往往有一方時常說，「這是我的，你不舒服就滾出我的世界。」

開庭結束，我們一起走出法院，在一間咖啡館裡坐著，除了整理接下來需要應對的策略外，對於眼前這位才貌雙全的女子，我不禁好奇：為何會如此衝動選擇嫁一個見面不到十次的人。她開始跟我分享她的生命故事。

她在網路社團上認識她老公，交往期間，男方就曾因女方與其他臉書好友互動而發怒，用各樣方式「懲罰」女方，回神後，立馬戲劇性地跟女方下跪，表示自己就是太深愛女方，才會控制不住行為，保證以後一定把女方放在手掌心呵護。在這般戲劇激情催化下，女方懷孕了，只好結婚待產。

婚後兩人雖然過著豐沃的生活，但男方的情緒越來越不穩定，動輒扔擲東西洩憤，或者對女方及孩子咆哮辱罵。女方幾次想要攜子返回娘家，男方又下跪又磕頭，甚至出現以自殘要脅，讓女方不知如何是好，覺得自己好像童話故事中的貝兒，嫁給一頭野獸，只能順著對方的脾氣；唯一不同的是，童話故事中的野獸會有詛咒消失的一天，變回王子，但她的畢世特卻是越來越兇狠，越來越恐怖。

聽她的分享真的令人心疼，看到她身上的傷痕，我可以感受到當時的恐懼疼痛，卻也可以想像到她受到另一個力量制約：擔心對方沒有她會做出傻事，然後不敢走，卻也不想留，雙方關係像彈力球一樣，就在這拉扯中，出現更多撕裂、更多傷痕、更多恐懼和更多眼淚。

孟玲律師的法律諮詢室

有關「保護令」的類別有三種：「通常保護令」，「暫時保護令」跟「緊急保護令」。

㈠通常保護令

1／申請人及程序：被害人或法定代理人（即父母、監護人）或三親等內之親屬（即父母、祖父母、子女、孫子女、兄弟姊妹等）以書面向法院或警察局或社會處（局）提出聲請。在某些情況下也可由檢察官、警察機關代為向法院提出聲請。

2／核發程序：通常保護令之核發需經法官之審理程序。

3／效期：有效期限最長為2年，失效前得聲請法院撤銷、變更或延長之。延長期間最高亦為2年。

㈡暫時保護令

1／由於保護令審理時間長，在法院正式核發通常保護令之前，可以核發暫時保護令，給予被害人基本的保障。

2／核發程序：在法官受理保護令聲請後，考慮受害人在審理期間需要保護令之保護，法官可以不經審理程序就核發暫時保護令。

3／效期：自核發時起生效，在法院審理終結核發通常保護令或駁回聲請時失其效力。

㈢緊急保護令

1／在某些緊急情形下（例如：受害者已傷痕累累到警局求救），為保護被害人免受更大的暴力傷害，而做的緊急聲請。

2／核發程序：依照警察人員到庭或電話的陳述，認定被害人有急迫危險者，於4小時內以書面核發保護令。

3／效期：自核發時起生效，於法院審理終結後核發通常保護令或駁回聲請時失其效力。

要如何順利取得保護令？

1／蒐證：保護令合法與否的關鍵在於「有無家暴的態樣」以及「有無繼續受暴的危險」，因此蒐集證據仍是重要的關鍵。可以做為證據的資料包括：

①若是肢體傷害，則要有受傷的照片以及驗傷診斷證明書。

②若是精神傷害，則需要有錄音、錄影、照片，或雙方各樣對話紀錄等。

③若有人在場目睹或聽聞，可成為證人。

2／填寫民事（暫時）保護令聲請書狀：（保護令聲請，應以書面為之）

①如果是打113家暴專線，會有警察及社工介入，通常會協助填寫家暴通報表，也會製作筆錄，詢問是否要聲請保護令。倘若需要，此時可以跟員警及社工表示希望聲請，就會開始進入流程。

②如果沒有員警介入，則自己檢具證據與聲請書狀，至法院遞狀聲請：當事人可向自己住居所、相對人住居所及暴力發生地等處的法院聲請。

∴避踩渣男地雷

在我執行業務的二十年中，「家暴」和「外遇」這兩種案件類型的比重越來越高，且當事人都並非是第一次遇到暴力或外遇的渣男，因此時常會聽當事

人說：「為什麼總是我？我到底做錯了什麼？」就我長時間的觀察，通常有以下幾類特質的人，容易被暴力傾向者所吸引：

(一)「超人媽咪」的特質

這類型的案主較為獨立，雙方態勢不少以女高男低的地位展現。通常她們會扮演「拯救者」的角色，試圖去滿足對方的一切需求，在男生的生命中扮演著重要角色。

(二)「篤信真愛」的特質

這種類型的案主不乏職業女強人。這類女強人在公事上很精明，但感情生活常因過度理想化伴侶，一心期望自己的對象完美無缺，而無限放大對方的好，反而忽略對方反面的人格。

㈢「環繞星球」的特質

這類的案主喜歡被對方當作宇宙中心，不少是因為在原生家庭中的關係無法得到滿足，特別喜歡對方追求時耗盡一切的付出，認為這是他「心裡只有我」的表徵。她們容易吸引控制欲太強的對方，不是控制欲吸引人，而是控制欲體現的行為吸引人。

㈣「壓抑忍受」的特質

最後一種類型，則是過度壓抑情緒，對自己的憤怒、不滿情緒沒有察覺能力，進而喪失對利用自身憤怒或恐懼的警報器來保護自己。

因此在面對眼前這渣男或者軟爛型的渣男，就會激發起心裡面的某些情感，甚至會被渣男利用，卻仍不願擺脫。但親愛的，唯有改變自己，否則去了一個又來一個，下個男人不見得會更好。

其實這樣的案件越來越多，對男方婚前種種生命的困難，產生同情或可憐。「拯救者」的心態被對方生命的困難激發出來，此時憐憫加上情感混雜在一起，根本分不清楚是愛還是其他的情愫，總覺得拯救對方脫離困難，捨我其誰。就是這樣，不顧所有人的反對，覺得自己夠堅強、夠包容、夠有愛，一定可以用愛改變一切，接著慷慨就義。

處理一直在家暴中來來回回的案例，她們時常問我：「律師，每個人都要我離開他，但不知為什麼，好像有一股拉力，讓我無法斷然離開；但每次他抓狂，我總做好準備，告訴自己不要再和他在一起了，要自己比他更兇，因為我要保護孩子；事情過後，卻只覺得他好可憐……律師，我有病嗎？」

我通常都會說面對這頭關係裡的野獸，千萬別以為只要你跟他一起困在獸籠中，他就會變得溫馴。倘若你想當馴獸師，需要做好全副武裝，要自己不害怕。倘若你期待野獸能變回王子，需要他認知自己是頭野獸，願意棄絕過去的模式，再次重新學習如何正確地愛對方和疼惜對方，否則只是相互傷害，真正的愛裡是沒有懼怕的。

若問我這個將近三十年的離婚律師，怎麼看待這樣的婚姻案例，我會說，「其實不少人的生命熬練場就在婚姻中……」。面對這樣的當事人，我會告訴他們，「你現在裡面要開始思想『可憐之人必有可惡之處』」，並且讓對方清楚知道，不管要不要離婚，當你對配偶的眼光開始從憐憫變成恐懼、嫌棄、厭惡，心態也從「拯救者」瞬間轉變為「受害者」，生活極可能會「度日如年」……你真的要好好思考你們的關係了，否則這樣的狀態，最後絕對會耗損你的身心。

音速變臉／戲劇人格

「吳律師，我的學生需要你幫忙」。

一位大學生因為結交了「恐怖情人」，想分手卻分不掉，男友用以前拍的親密照片作為要脅，讓她飽受困擾，這段感情變成她揮之不去的噩夢，因此希望藉由訴諸法律，終止這可怕的夢魘。

女生與男生是同班同學，男生十分內向寡言，在班上屬成績佼佼者；女生個性外向。剛開始交往時，男生對女生呵護有加，女生覺得自己有著被照顧的甜蜜感。但幾次分組報告下來，如果雙方沒有被分配到同一組，一旦班上有男同學與女方多些互動，男生便會歇斯底里地抓狂；雙方曾經發生口角，男生出手掌摑女生，甚至辱罵，「你怎麼這麼賤，乾脆給人幹好了」。但幾分鐘過後，男生便會跟女生道歉，哭著說因為太愛她，無法接受別的男生跟她說話，甚至又摟又親，發誓絕對不會再這樣。但後來依舊如此。

之後，只要女生說分手，男生便以各種方式自殘來恐嚇女方，女生擔心因分手造成男生出事，總是心軟繼續在一起。此次導火線又是因為有位男同學與女生交談，男生見狀便把男同學按在地上痛毆，女生上前勸架，連帶著女生也一起受到暴力對待。班上同學報警，雙方來到警局時，男生又哭著求女生原諒，此次同學跟女生說，「如果這次你不下定決心分手，之後社會新聞的頭條就是你了！」因著這句話，女方和男同學毅然決然提出刑事傷害告訴，由檢察官送交調解會處理。

在調解桌上，男生外型十分清秀，從頭到尾都沉默不語，若不是在這場合相遇，根本完全無法將他與「恐怖情人」扯在一起。除了雙方父母及律師外，學校教官也出面陪同，希望男生寫下切結書，保證日後絕對不會再犯。此外，因牽涉違約罰款的約定，女生和另一名男同學同意撤回刑事告訴。雖然調解成立，但當他們離開時，我不禁為女生捏把冷汗，擔心今天的調解不見得能終止這一切噩夢，因為調解書的外控機制若不夠強大，男生根本無法克制自己裡面的暴力情緒和行為。

因此，我提議，女生可能需要聲請民事保護令。當時女生爸媽問我保護令內容是什麼，因為他們聽說有人因為聲請保護令，反而遭致更大傷害，因此他們覺得能不招惹對方可能會比較好。

我說除非女生轉學（但為何是受害者需要轉學），甚至搬家，但現在是新媒體時代，他們又是科技相關背景的人，若真要找，隨時都可以找到。如果只是隱忍，萬一下一次遇到事情的前兆（例如跟蹤或騷擾等），警察要介入的力道其實較為薄弱。

我介紹了整個保護令的內容，雖然看起來無法像二十四小時貼身保鑣一樣安全，但如果有了保護令的核發，一旦對方有違反保護令的狀況，警察可以立即處理，我們還可以申請延長保護令。

至於聲請保護令是否會激怒對方，我說其實以對方現在的身心狀況，只要你不理他，只要你跟別人有良好的互動，都足以激怒他。面對這樣的人，如果我們不打算轉學或搬家神隱，那麼保護令不失為一個可以保護自己，也成為拘束對方的外控機制。

就在我跟她和家人討論後續該如何處理的時候，我聽見她爸媽說，「之前就跟你說，他的眼神怪怪的，叫你不要跟他在一起，你說我們太古板，現在出事了，你看吧……」，她沒多說話，緊接著她告訴爸媽說有事情希望跟我私下商量，等她爸媽出去，女生說，「律師，現在我最怕的不是他會不會來打我，而是他有我很多裸照和我們在一起的親密照片，我擔心他會散布出去……」。就這部分，我同她分析法律上可以主張的作法，但我說這部分雖然法律上有部分規範，但若是他惡意散布，仍舊有可能會對她產生傷害，要女生有心理準備，她哭了，「我好後悔跟他在一起，好後悔跟他發生關係，好後悔跟他拍那些親蜜照片，好後悔……」。

⚖ 孟玲律師的法律諮詢室

男女交往情濃時，拍攝親密照似乎成為一股風潮，但當兩人分手的時候，就

成為一方要脅對方的卑劣手段。在目前的法律規範中，散布裸照與轉傳裸照到底會觸犯了什麼罪呢？

① 若當初是遭到對方以暴力或脅迫手段（如毆打、拿武器威脅）等方式，被迫拍攝性私密影像，則對方可能觸犯《刑法》第三〇四條規定，處三年以下有期徒刑、拘役或九千元以下罰金。

② 若對方破解或侵入受害人的電腦、手機或雲端硬碟等儲存空間，竊取私密影像，甚至進而加以散布，就觸犯了《刑法》第三五八條規定，處三年以下有期徒刑、拘役或科或併科三十萬元以下罰金。

③ 若將雙方親密照片散布在各社群平台或其他能夠讓他人看到的方式，就觸犯了《刑法》第二三五條規定，處二年以下有期徒刑、拘役或科或併科三萬元以下罰金。

④ 倘若任何一方未經過對方同意，側錄對方身體的隱私部位，或在雙方進行親密行為時以各樣方式側錄或播出，則觸犯《刑法》第三一五之

1第2款，處三年以下有期徒刑、拘役或三十萬元以下罰金。

⑤ 在一方因要報復對方而惡意將親密影片或照片散布於眾，就觸犯《刑法》第三一〇條第2項則規定，處一年以下有期徒刑、拘役或五百元以下罰金。

⑥ 若對方故意冒用受害者的名義，張貼散布私密影像，則觸犯《刑法》第二一六條行使「偽造準私文書罪」。

⑦ 若對方以性私密影像恐嚇威脅要求復合或發生性行為或勒索金錢等，則觸犯《刑法》第三〇條「恐嚇罪」、《刑法》「妨害性自主罪」章之犯罪行為、《刑法》第三四六條「恐嚇取財罪」等。

至於在社交媒體上收到裸照，或其他相類四肢照片，或親密影片，倘若未刪除而繼續散布，也可能會因上述三大罪名而負刑事責任。

因此，若一方有以文字或錄音來恐嚇將隱私照片或親密影片公諸於世，就可以此為證據向地檢署提出刑事告訴並且請求扣押該等資料，以此制止對方所進行的散布行為。

面對恐怖情人即將對你發出毀滅性的動作，身為被害者的你該如何處理呢？

依照我的職業經驗，若因為你害怕激怒他而完全不作為，只會增加他的氣焰和合理化他對於你「背叛」的種種苦毒、惱恨，因此建議你將他觸法的證據（例如：恐嚇你的對話，或者對方已經在哪些平台散布的畫面截圖當作證據），向地檢署提出刑事告訴，請求地檢署檢察官扣押他的電腦等，並且對他提出民事的損害賠償請求，這對於某些加害人而言可達到嚇阻的作用。

∴避踩渣男地雷

與恐怖情人分手，第一個要面對的不是那個恐怖情人，而是「自己」，你需要有以下的覺悟，才能好好分手：

① 你要將自己抽離，客觀地去描述「他到底怎樣對你」。

② 誠實面對自己受傷以及各樣的情緒，包含罪惡感和自責的感受。

③ 客觀地做出一張「無法離開的原因」和一張「無法放手的風險代價」。

④ 不再回顧過去的情愛回憶，要將依戀對方的情感漸漸收回。

⑤ 讓自己停止自憐，且讓自己離開受害者的位置。

若你已經無法冷靜下來做以上的事情，請對外求援：尋求親友或者專業諮商等的幫助，讓你可以梳理自己，這樣才有可能進入真正分手的階段。

與恐怖情人分手時，都會深恐他以玉石俱焚來威脅彼此的生命，那麼我有以下的建議：

① 交往過程一定要有危機意識。風險無時無刻都存在，千萬不要相信親密照片是愛的確據，因為真愛不需要用這方式留存，但這些會讓愛不存在時，成為一個災難。

② 堅信確認自己一定要和渣男結束關係的信念。不少恐怖情人的個性都很戲劇化，也就是一邊暴怒、暴力，一邊又涕泣示愛和求原諒，這容易讓自己又陷入搖擺，但親愛的，這段關係只是歹戲拖棚，你一定要堅定結束的信念。

③ 表達分手的訊息時要降低對方的挫折感，也就是不要用對方到底哪裡不好的指責方式來表達，因為失落和被指責很容易誘發暴力風險。

④ 對方和你都要有足夠的緩衝和支援系統，讓雙方的情緒和情感都能被照顧，並且能有防禦機制和支援系統進入。

無論如何，要想和恐怖情人斷捨離，得有一種心理預備，就是這可能是一場長期戰爭，需要智慧和團隊，不要害怕對外求救，因為當你對外伸出援手，你就不再是孤單一人面對他了。

就要你不能離開我

「律師，請幫我擺脫可怕的渣男。」

這位妹妹在大學打工的地方認識一位大她十五歲的男性，兩人交往並同居。一開始男友說擔心她在工作上被欺負，要她辭職，到男友友人所開的公司裡去打工；接著男友又說擔心她賺的錢都亂花，所以希望薪水全部由他掌管，他每天給她定額的生活費用即可，剩餘的錢就由男友負責投資和調度。一開始她沒有特別的想法，只覺得有個成熟的男友真好，凡事都不用操心，好像天塌下來都有男友頂著，她覺得好幸福！

但漸漸地她發現不太對勁，男友每天晚上都要檢查她的手機，美其名是怕她交到壞朋友，其實是要確認她的交友狀況，只要發現她聯繫的人當中有異性，男友就會詳細地詢問。若發現對話是玩笑、閒聊等非事務性的討論，就開始歇斯底里地狂罵：「你這招蜂引蝶的妓女。」「你是有多哈男人！」即使對方是同學，男友也會強迫她直接把同學封鎖，儘管她說，「可是，我們要討論作業耶！」男友卻說，「反正你也沒在唸書，用混的就可以畢業了。」緊跟著就是每天 check 她的課表，下課就來載她到上班地點；同學羨慕她有個溫馨接送情的男友，殊不知她卻羨慕大家能過正常的大學生活。

兩人交往時，女生曾經告訴男友，自己原生家庭的一些情況（父母離婚，她與爸媽和兄弟姊妹關係疏離），男友會告訴她說，「你現在有我，不需要那些不愛你的家人，他們根本不愛你」，甚至會跟她說，「你家人會忌妒你現在跟我在一起。」「你家人會要跟你要錢。」「你家人會……」，要她直接封鎖家人，甚至不要使用社群軟體。起初，她也覺得自己怎麼那麼幸運，遇到一個比家人更愛她的男人，所以男友要她怎麼樣，她就照單全收，過著「離群索居」的都市生活。慢慢地，男友強烈病態的控制欲使她失去自己的社交活動，亦無法與家人聯繫。

之後學校要繳交畢業展的費用，她向男友拿錢，男友回她，「什麼錢？」她說，「就是我放在你那邊的錢啊。」只聽見他淡淡地說：「你的錢已經虧光了。」她簡直不可置信，「上回不是說大賺嗎？怎麼現在都沒有了？」男友用輕蔑的口吻說道：「你不知道投資會賠喔！就算沒知識也該有常識。」這次她氣瘋了，那可是她自己省吃儉用的錢耶。她向男友索看投資的資料，非但帳款資料沒看到，還被男友狠狠地揍了一頓，臉部、頭部和背部都有各樣的傷，這次心裡有個聲音告訴她——「逃」。於是她趁男友打累，睡著，拿了手機和錢包立馬往外跑，到警局求救，員警帶她到醫院就診驗傷。

員警幫她作完筆錄後，問她現在有無地方可以庇護，她說，「我要回我的家」。這是她一年多來第一次打電話回家，媽媽、哥哥以及姐姐立馬來警局找她，帶她回家之前，來到我這裡詢問之後相關的程序。

做完整體評估，這位女孩問我，「律師阿姨，我想要去找他把我的錢拿回來，因為那是我的錢。」我告訴她：「妹妹，我們先處理保護令的事情，你也不要因為那些錢又開始跟他糾纏不清，這樣大家的幫忙就沒有意義了。」但她說，「那是我的錢，我不甘心啊！」這時媽媽對她說，「不要不甘心，他現在肯定比你還不甘心，因為你跑了，沒人幫他賺錢了。」

之後我們提出了保護令和刑事傷害案件。開庭時，男方說，「這是我跟她兩個人的事情，別人沒有權力干涉。」開完庭，出了法院，男方仍對女方說，「你過來，不要被他們騙了，他們只是忌妒你這麼愛我。他們不愛你，只有我愛你。」我看著女孩兩手焦慮地交疊著，我握著她的手，帶她直接離開，留下一個憤怒叫囂的男友，我跟她說，「這是你唯一可以離開他的好機會，只要你心軟，就很難有下一次離開的機會了。」

⚖ 孟玲律師的法律諮詢室

在男女交往的過程裡，時常有金錢的往來，當要分手時，錢通常是另一個紛爭的原因。金錢紛爭通常有幾種：一個是「借貸」，一個是「贈與」，一個是「投資」，一個是「共同購屋」。

(一)借貸

倘若當時你曾借款給對方，有款項的金流紀錄，又有借據或 Line 等方式，存留著對方說要調借的資訊，或者他有拜託你去繳什麼款項、還什麼錢，或者要你去做擔保，甚至要付錢，這些都可以作為證據。然後向法院提出「民事訴訟」，請求他返還借款。此外，如果有查到他名下仍有錢財（包含存款帳戶、不動產或薪水等），也可以請求「假扣押」。當然，若對方名下沒錢，要回錢的可能性就會比較低。

(二)贈與

倘若當時你們有贈予物品（例如錢財、名牌衣物或包包等），若還在「承諾」階段，東西尚未交到對方手上，這時可以反悔撤銷；但如果東西已在對方手上，除非贈予有附負擔（也就是有附上他必須完成怎樣的義務才能取得這個贈與物），或者有法律上的原因（例如有故意傷害對方的情形）可能撤銷外，是無法反悔撤銷的。若要撤銷，也需要在知道有撤銷原因（例如當時受騙或被脅迫而為贈予，或者有附條件或負擔，而對方沒有完成這些條件或負擔的情形）的一年內行使，過了時限就無法再行使這權利了。撤銷權的行使，你可以用各樣方式清楚明確向他表達即可（包含Line、email或者存證信函等方式）。

㈢投資

倘若當時你因信任對方而將錢交給對方投資，若對方確實投資失敗，是無法跟對方要求返還的；但若有證據證明，對方根本沒有拿去投資，而是拿去花用，你可以把證據（包含交付錢給對方，以及對方說要投資，還有並沒有去投資等等的證據）備齊，向檢察官提出詐欺、侵佔或背信等刑事告訴。此外，你也可以民事訴訟請求返還款項。

㈣共同購物（房屋或車輛等）

如果當時是用某一個人的名義購買，這時可能會有「借名登記」的問題，分手時需要處理借名登記的事情。倘若是用共有方式購買，這時可能要提出分割共有物的訴訟。

在本件渣男對女主角的控制方式，屬於「經濟上的不法侵害」，也就是在《家庭暴力防治法》施行細則第二條規定，本法第二條第一款所定經濟上之騷擾、控制、脅迫或其他不法侵害的行為，包括下列足以使被害人畏懼或痛苦之舉動或行為：

① 過度控制家庭財務、拒絕或阻礙被害人工作等方式。

② 透過強迫借貸、強迫擔任保證人或強迫被害人就現金、有價證券與其他動產及不動產為交付、所有權移轉、設定負擔及限制使用收益等方式。

③ 其他經濟上之騷擾、控制、脅迫或其他不法侵害之行為。

經濟暴力其實是一種特別的虐待，包含了「經濟剝奪」（用各樣方式奪取被害人的經濟資源）、「阻止工作」（用各樣方式威脅限制或阻撓被害人工作）、「經濟控制」（用各樣方式控制限制被害人的經濟資源）和「財務獨斷」（不讓被害人知悉家中財務狀況或獨占經濟資源）。

為何會說經濟暴力是一種特別的虐待呢？因為這樣的經濟暴力和控制，有時候連被害人自己都沒有察覺，卻逐漸腐蝕被害人的獨立性和自信心，而讓被害者在經濟上更加依賴施暴者，以至於因為經濟弱勢而選擇繼續留在受虐關係中。如此，易使受害者出現憂慮、焦慮或身心等問題。

因此，面對「經濟暴力」類型的受害者，我們不只要蒐集各樣證據，利用司法資源提供被害者保護令，以及向加害者要求賠償等外，更需要處理的是讓被害者在經濟上有能力站起來，因為只有在經濟上不再需要依附，其情感和心理上才更容易做出獨立切割或劃下界線，讓受害者能真正走出這樣的暴力挾制。

避踩渣男地雷

在面對渣男的掌控和虐待，在旁的所有人都會勸女方離開，但她就是不甘願，甚至覺得「我就是要繼續跟他耗」。試想：有無可能我們都有著這一種被虐和為奴的傾向。

①總是不自覺投入沒有結果、不夠穩定的關係。

②習慣被傷害，也可能去傷害他人來獲得情感滿足。

③忍受關係中的不平等對待，即使對方劈腿或傷害她。

④ 即使身旁人為她感到不值，依舊死心踏地。

⑤ 就算傷心難過不被愛，仍舊默默付出。

面對被傷害和被糟蹋仍舊不甘願離開，只能讓她先真實認知自己裡面被虐或為奴的傾向，以及為何總認為自己不配得到尊重的盲點。唯有先恢復自我形象認知，真正的接受自己是值得被尊重和疼惜的，才能離開如水蛭一般的渣男，否則前腳剛擺脫一水蛭，後腳又會吸引著另一條，這樣就太得不償失了。

結語——對渣男只有斷捨離

看完了這二十篇渣男現形記之後，不知道大家有沒有什麼樣的想法？

我處理這麼多感情糾紛，說真的，有些人遇到渣男已經不是第一次了，雖然每次都很氣，但就是不明白為何大家要一直在類似的模式裡打轉。有人是渣男收割機旗艦版，但每次要她斷捨離，她總有千言萬語的「可是……」，然後繼續在各種不甘願中受到更深的傷害，最後自己身心俱疲。

面對渣男，第一步是不要奢望你的真愛會感動他，想要得著幸福，唯有認清渣男給不了你幸福的事實，趕緊「斷捨離」吧。

而對渣男斷捨離的第一步是要認清「渣男傷人的伎倆」。話說渣男最讓人受傷的其實不是「他是渣」的本相；而是他是個渣，但他卻佯裝無辜狀地騙人，且騙得臉不紅氣不喘。當謊言被拆穿後，他通常會：

①先打死不承認。「蝦咪，他們看到的絕對不是我。」

②開始編故事。「這根本不是你想的那樣，其實當天是……」

③用哀兵策略。「對！我就不是個好東西，但你原諒我，沒有下次了。」

④用攻擊的方式來回應。「沒錯，我做了那件事，但根本就都是你的錯。」

一旦認清渣男愛說謊的事實，你會發現自己一直生活在一個詭異的平行雙重世界裡：一個是你原本信任的人，一個是不斷隱藏的說謊者。當這兩個平行時空相交，就看見一切荒謬的全貌，接下來，就看你最終怎麼決定了，而這也將決定你的人生。

在這樣來回的歷程裡，不只渣男會騙你，有時你自己也可能落入自欺的陷阱中：即使知道他可能說謊，卻還告訴自己「他不會騙我的」。確定他說謊後，還告訴自己「他愛我，這才是最重要的」或者「這也是環境造成的」，甚至告訴自己「我能讓他變好」，更有人會對自己說：「他今天會變成這樣，全是我的錯」。

要對渣男斷和捨，除了要認清對方欺騙的伎倆，更要面對「真實的自己」。

首先，要先認清「自己是否是塊渣男吸鐵」，也就是已知對方是渣男，卻怎麼樣也無法離開。這時要檢視自己是否有：

① 錯讓同情合理化一切，最後甚至被同化。

② 錯將傷害當真愛，還念念不忘過去的情誼。

③ 為了維護完美形象，無法從牢籠裡出走。

由於不同的渣男對於斷捨離會有不同的狀況，第一個要面對的不是那個渣男，而是「自己」，首先你需要真實的接受和面對自己身心都已受傷的事實，但請停止一切指責、埋怨、報復及攻擊，因為你需要停止自艾自憐，要讓自己從受害者的位置上勇敢離開。然後將自己抽離出來，成為一個第三者，客觀地去描述「他到底怎樣對你」、「你如何受害」，並且客觀的分析「無法放手」的原因以及風險代價。唯有這樣，才能真的斷掉這段關係，也才能真正捨掉這個人，也才能真的離開這災難且擁有新的生活。但在這過程中，請記得要對外求救，讓你的親友或專業諮商等來幫助你，這樣才有可能進入真正分手的階段。

但有時你想好聚好散，卻碰到揚言要玉石俱焚的「恐怖情人」該怎麼辦？記住，在分手的前中後過程，不要用指責或挑釁方式來提分手，而是要降低對方的挫折感。因為失落很容易誘發暴力風險；但也千萬留意，不要歹戲拖棚。不少恐怖情人很戲劇化，一邊施行暴力，一邊又示愛求原諒，這時原先想要結束的信念會不斷地被動搖，但請你一定要堅定。總之，這將是一場長期抗戰，不要怕對外求救；當你向外界丟出求救信號，你就不再是孤單一人面對他了。

親愛的，遇上渣男或許倒楣，但能順利與渣男斷捨離，就要靠你的決心和智慧，放掉不甘心，捨斷依戀，才可讓自己成為幸福課程的恩典記號。

擊敗渣男！

這樣可以告嗎？

專業律師教的恐怖情人反擊法

作者	吳孟玲 律師
責任編輯	陳姿穎
封面／內頁設計	任宥騰
行銷企劃	辛政遠、楊惠潔
總編輯	姚蜀芸
副社長	黃錫鉉
總經理	吳濱伶
執行長	何飛鵬
出版	創意市集
發行	英屬蓋曼群島商家庭傳媒股份有限公司城邦分公司 歡迎光臨城邦讀書花園網址： www.cite.com.tw

香港發行所

城邦（香港）出版集團有限公司
香港灣仔駱克道 193 號東超商業中心 1 樓
電話：(852) 25086231
傳真：(852) 25789337
E-mail：hkcite@biznetvigator.com

馬新發行所

城邦（馬新）出版集團 Cite (M) Sdn Bhd
41, Jalan Radin Anum, Bandar Baru Sri Petaling,
57000 Kuala Lumpur, Malaysia.
電話：(603) 90578822
傳真：(603) 90576622
E-mail：cite@cite.com.my

客戶服務中心

10483 台北市中山區民生東路二段 141 號 2F
服務電話：（02）2500-7718、（02）2500-7719
服務時間：週一至週五 9：30 ～ 18：00
24 小時傳真專線：（02）2500-1990 ～ 3
E-mail：service@readingclub.com.tw

展售門市　台北市民生東路二段 141 號 7 樓

製版印刷　凱林彩印股份有限公司
初版一刷　2021 年 12 月
ISBN　978-986-0769-46-3
定價　新台幣 360 元／港幣 120 元

國家圖書館出版品預行編目 (CIP) 資料

擊敗渣男！這樣可以告嗎？
專業律師教的恐怖情人反擊法 / 吳孟玲 律師 著
創意市集出版：英屬蓋曼群島商家庭傳媒
股份有限公司城邦分公司發行 2021.12
— 初版 — 臺北市 — 面：公分

ISBN 978-986-0769-46-3(平裝)
1. 婚姻 2. 兩性關係

544.3　　110016072